当代齐鲁文库·20世纪"乡村建设运动"文库

The Library of Contemporary Shandong

Selected Works of Rural Construction Campaign of the 20th Century

山东社会科学院 编纂

/18

金轮海 编著

农村复兴与乡教运动

中国社会科学出版社

图书在版编目(CIP)数据

农村复兴与乡教运动 / 金轮海编著 . —北京:中国社会科学出版社,
2019. 10 (2020. 11 重印)

(当代齐鲁文库 . 20 世纪"乡村建设运动"文库)

ISBN 978 - 7 - 5203 - 5574 - 2

Ⅰ . ①农… Ⅱ . ①金… Ⅲ . ①农村问题-研究-中国-民国②乡村
教育-研究-中国-民国 Ⅳ . ①F329. 06②G725 - 092

中国版本图书馆 CIP 数据核字(2019)第 249035 号

出 版 人	赵剑英
责任编辑	冯春凤
责任校对	张爱华
责任印制	张雪娇

出 版	中国社会科学出版社
社 址	北京鼓楼西大街甲 158 号
邮 编	100720
网 址	http://www.csspw.cn
发 行 部	010 - 84083685
门 市 部	010 - 84029450
经 销	新华书店及其他书店

印刷装订	北京君升印刷有限公司
版 次	2019 年 10 月第 1 版
印 次	2020 年 11 月第 2 次印刷

开 本	710 × 1000 1/16
印 张	19
插 页	2
字 数	262 千字
定 价	99. 00 元

凡购买中国社会科学出版社图书,如有质量问题请与本社营销中心联系调换
电话:010 - 84083683

《当代齐鲁文库》编纂说明

不忘初心、打造学术精品，是推进中国特色社会科学研究和新型智库建设的基础性工程。近年来，山东社会科学院以实施哲学社会科学创新工程为抓手，努力探索智库创新发展之路，不断凝练特色、铸就学术品牌、推出重大精品成果，大型丛书《当代齐鲁文库》就是其中之一。

《当代齐鲁文库》是山东社会科学院立足山东、面向全国、放眼世界倾力打造的齐鲁特色学术品牌。《当代齐鲁文库》由《山东社会科学院文库》《20世纪"乡村建设运动"文库》《中美学者邹平联合调查文库》《山东海外文库》《海外山东文库》等特色文库组成。其中，作为《当代齐鲁文库》之一的《山东社会科学院文库》，历时2年的编纂，已于2016年12月由中国社会科学出版社正式出版发行。《山东社会科学院文库》由34部44本著作组成，约2000万字，收录的内容为山东省社会科学优秀成果奖评选工作开展以来，山东社会科学院获得一等奖及以上奖项的精品成果，涉猎经济学、政治学、法学、哲学、社会学、文学、历史学等领域。该文库的成功出版，是山东社会科学院历代方家的才思凝结，是山东社会科学院智库建设水平、整体科研实力和学术成就的集中展示，一经推出，引起强烈的社会反响，并成为山东社会科学院推进学术创新的重要阵地、引导学风建设的重要航标和参与学术交流的重要桥梁。

以此为契机，作为《当代齐鲁文库》之二的山东社会科学院

"创新工程"重大项目《20 世纪"乡村建设运动"文库》首批 10 卷 12 本著作约 400 万字，由中国社会科学出版社出版发行，并计划陆续完成约 100 本著作的编纂出版。

党的十九大报告提出："实施乡村振兴战略，农业农村农民问题是关系国计民生的根本性问题，必须始终把解决好'三农'问题作为全党工作重中之重。"以史为鉴，置身于中国现代化的百年发展史，通过深入挖掘和研究历史上的乡村建设理论及社会实验，从中汲取仍具时代价值的经验教训，才能更好地理解和把握乡村振兴战略的战略意义、总体布局和实现路径。

20 世纪前期，由知识分子主导的乡村建设实验曾影响到山东省的 70 余县和全国的不少地区。《20 世纪"乡村建设运动"文库》旨在通过对从山东到全国的乡村建设珍贵历史文献资料大规模、系统化地挖掘、收集、整理和出版，为乡村振兴战略的实施提供历史借鉴，为"乡村建设运动"的学术研究提供资料支撑。当年一大批知识分子深入民间，投身于乡村建设实践，并通过长期的社会调查，对"百年大变局"中的乡村社会进行全面和系统地研究，留下的宝贵学术遗产，是我们认识传统中国社会的重要基础。虽然那个时代有许多的历史局限性，但是这种注重理论与实践相结合、俯下身子埋头苦干的精神，仍然值得今天的每一位哲学社会科学工作者传承和弘扬。

《20 世纪"乡村建设运动"文库》在出版过程中，得到了社会各界尤其是乡村建设运动实践者后人的大力支持。中国社会科学院和中国社会科学出版社的领导对《20 世纪"乡村建设运动"文库》给予了高度重视、热情帮助和大力支持，责任编辑冯春凤主任付出了辛勤努力，在此一并表示感谢。

在出版《20 世纪"乡村建设运动"文库》的同时，山东社会科学院已经启动《当代齐鲁文库》之三《中美学者邹平联合调查文库》、之四《山东海外文库》、之五《海外山东文库》等特色文库的编纂工作。《当代齐鲁文库》的日臻完善，是山东社会科学院坚持问题导向、成果导向、精品导向，实施创新工程、激发科研活力结出的丰硕成果，是山东社会科学院国内一流新型智库建设不断实现突破的重要标志，也是党的领导下经济社会全面发展、哲学社会科学欣欣向荣繁荣昌盛的体现。由于规模宏大，《当代齐鲁文库》的完成需要一个过程，山东社会科学院会笃定恒心，继续大力推动文库的编纂出版，为进一步繁荣发展哲学社会科学贡献力量。

山东社会科学院

2018 年 11 月 17 日

编纂委员会

总　序

　　从传统乡村社会向现代社会的转型，是世界各国现代化必然经历的历史发展过程。现代化的完成，通常是以实现工业化、城镇化为标志。英国是世界上第一个实现工业化的国家，这个过程从 17 世纪资产阶级革命算起经历了 200 多年时间，若从 18 世纪 60 年代工业革命算起则经历了 100 多年的时间。中国自近代以来肇始的工业化、城镇化转型和社会变革，屡遭挫折，步履维艰。乡村建设问题在过去一百多年中，也成为中国最为重要的、反复出现的发展议题。各种思想潮流、各种社会力量、各种政党社团群体，都围绕这个议题展开争论、碰撞、交锋，并在实践中形成不同取向的路径。

　　把农业、农村和农民问题置于近代以来的"大历史"中审视不难发现，今天的乡村振兴战略，是对一个多世纪以来中国最本质、最重要的发展议题的当代回应，是对解决"三农"问题历史经验的总结和升华，也是对农村发展历史困境的全面超越。它既是一个现实问题，也是一个历史问题。

　　2017 年 12 月，习近平总书记在中央农村工作会议上的讲话指出，"新中国成立前，一些有识之士开展了乡村建设运动，比较有代表性的是梁漱溟先生搞的山东邹平试验，晏阳初先生搞的河北定县试验"。

　　"乡村建设运动"是 20 世纪上半期（1901 到 1949 年间）在中国农村许多地方开展的一场声势浩大的、由知识精英倡导的乡村改良实践探索活动。它希望在维护现存社会制度和秩序的前提下，通过兴办教育、改良农业、流通金融、提倡合作、办理地方自治与自卫、建立公共卫生保健制度和移风易俗等措施，复兴日趋衰弱的农村经济，刷新中国政治，复兴中国文化，实现所谓的"民族再造"或"民族自救"。在政治倾向上，参与"乡村建设运动"的学者，多数是处于共产党与国民党之间的'中间派'，代表着一部分爱国知识分子对中国现代化建设道路的选择与探索。关于"乡村建设运动"的意义，梁漱溟、晏阳初等乡建派学者曾提的很高，认为这是近代以来，继太平天国运动、戊戌变法运动、辛亥革命运动、五四运动、北伐运动之后的第六次民族自救运动，甚至是"中国民族自救运动之最后觉悟"。① 实践证明，这个运动最终以失败告终，但也留下很多弥足珍贵的经验和教训。其留存的大量史料文献，也成为学术研究的宝库。

"乡村建设运动"最早可追溯到米迪刚等人在河北省定县翟城村进行"村治"实验示范，通过开展识字运动、公民教育和地方自治，实施一系列改造地方的举措，直接孕育了随后受到海内外广泛关注、由晏阳初及中华平民教育促进会所主持的"定县试验"。如果说这个起于传统良绅的地方自治与乡村"自救"实践是在村一级展开的，那么清末状元实业家张謇在其家乡南通则进行了引人注目的县一级的探索。

20 世纪 20 年代，余庆棠、陶行知、黄炎培等提倡办学，南北各地闻风而动，纷纷从事"乡村教育""乡村改造""乡村建设"，以图实现改造中国的目的。20 年代末 30 年代初，"乡村建设运动"蔚为社会思潮并聚合为社会运动，建构了多种理论与实践的乡村建设实验模式。据南京国民政府实业部的调查，当时全国从事乡村建设工作的团体和机构有 600 多个，先后设立的各种实验区达 1000 多处。其中比较著名的有梁漱溟的邹平实验区、陶行知的晓庄实验区、晏阳初的定县实验区、鼓禹廷的宛平实验区、黄炎培的昆山实

---

① 《梁漱溟全集》第五卷，山东人民出版社 2005 年版，第 44 页。

验区、卢作孚的北碚实验区、江苏省立教育学院的无锡实验区、齐鲁大学的龙山实验区、燕京大学的清河实验区等。梁漱溟、晏阳初、卢作孚、陶行知、黄炎培等一批名家及各自领导的社会团体，使"乡村建设运动"产生了广泛的国内外影响。费正清主编的《剑桥中华民国史》，曾专辟"乡村建设运动"一节，讨论民国时期这一波澜壮阔的社会运动，把当时的乡村建设实践分为西方影响型、本土型、平民型和军事型等六个类型。

1937 年 7 月抗日战争全面爆发后，全国的"乡村建设运动"被迫中止，只有中华平民教育促进会的晏阳初坚持不懈，撤退到抗战的大后方，以重庆璧山为中心，建立了华西实验区，开展了长达 10 年的平民教育和乡村建设实验，直接影响了后来台湾地区的土地改革，以及菲律宾、加纳、哥伦比亚等国家的乡村改造运动。

"乡村建设运动"不仅在当事者看来"无疑地已经形成了今日社会运动的主潮"，[①] 在今天的研究者眼中，它也是中国农村社会发展史上一次十分重要的社会改造活动。尽管"乡村建设运动"的团体和机构，性质不一，情况复杂，诚如梁漱溟所言，"南北各地乡村运动者，各有各的来历，各有各的背景。有的是社会团体，有的是政府机关，有的是教育机关；其思想有的左倾，有的右倾，其主张有的如此，有的如彼"[②]。他们或注重农业技术传播，或致力于地方自治和政权建设，或着力于农民文化教育，或强调经济、政治、道德三者并举。但殊途同归，这些团体和机构都关心乡村，立志救济乡村，以转化传统乡村为现代乡村为目标进行社会"改造"，旨在为破败的中国农村寻一条出路。在实践层面，"乡村建设运动"的思想和理论通常与国家建设的战略、政策、措施密切

---

① 许莹涟、李竟西、段继李编述：《全国乡村建设运动概况》第一辑上册，山东乡村建设研究院 1935 年出版，编者"自叙"。

② 《梁漱溟全集》第二卷，山东人民出版社 2005 年版，第 582 页。

相关。

在知识分子领导的"乡村建设运动"中，影响最大的当属梁漱溟主持的邹平乡村建设实验区和晏阳初主持的定县乡村建设实验区。梁漱溟和晏阳初在从事实际的乡村建设实验前，以及实验过程中，对当时中国社会所存在的问题及其出路都进行了理论探索，形成了比较系统的看法，成为乡村建设实验的理论根据。

梁漱溟曾是民国时期宪政运动的积极参加者和实践者。由于中国宪政运动的失败等原因，致使他对从前的政治主张逐渐产生怀疑，抱着"能替中华民族在政治上经济上开出一条路来"的志向，他开始研究和从事乡村建设的救国运动。在梁漱溟看来，中国原为乡村国家，以乡村为根基与主体，而发育成高度的乡村文明。中国这种乡村文明近代以来受到来自西洋都市文明的挑战。西洋文明逼迫中国往资本主义工商业路上走，然而除了乡村破坏外并未见都市的兴起，只见固有农业衰残而未见新工商业的发达。他的乡村建设运动思想和主张，源于他的哲学思想和对中国的特殊认识。在他看来，与西方"科学技术、团体组织"的社会结构不同，中国的社会结构是"伦理本位、职业分立"，不同于"从对方下手，改造客观境地以解决问题而得满足于外者"的西洋文化，也不同于"取消问题为问题之解决，以根本不生要求为最上之满足"的印度文化，中国文化是"反求诸己，调和融洽于我与对方之间，自适于这种境地为问题之解决而满足于内者"的"中庸"文化。中国问题的根源不在他处，而在"文化失调"，解决之道不是向西方学习，而是"认取自家精神，寻求自家的路走"。乡村建设的最高理想是社会和政治的伦理化，基本工作是建立和维持社会秩序，主要途径是乡村合作化和工业化，推进的手段是"软功夫"的教育工作。在梁漱溟看来，中国建设既不能走发展工商业之路，也不能走苏联的路，只能走乡村建设之路，即在中国传统文化基础上，吸收西方文化的长处，使中西文化得以融通，开创民族复兴的道路。他特别强调，"乡村建设，实非建设乡村，而意在整个中国社会之建设。"① 他将乡村建设提到建国的高度来认识，旨在为中国"重建一新社会组织构造"。他认为，救济乡村只是乡村建设的"第一层意义"，乡村建设的"真意义"在于创造一个新的社会结构，"今日中国问题在其千年相沿袭之社会组织构造既已崩溃，而新者未立；乡村建设运动，实为吾民族社会重建一新组织构造之运动。"② 只有理解和把握了这一点，才能理解和把握"乡村建设运动"的精神和意义。

晏阳初是中国著名的平民教育和乡村建设专家，1926 年在河北定县开始乡村平民教育实验，1940 - 1949 年在重庆歇马镇创办中国乡村建设育才院，后改名中国乡村建设学院并任院长，组织开展华西乡村建设实验，传播乡村建设理念。他认为，中国的乡村建设之所以重要，是因为乡村既是中国的经济基础，也是中国的政治基础，同时还是中国人的基础。"我们不愿安居太师椅上，空做误民的计划，才到农民生活里去找问题，去解决问题，抛下东洋眼镜、西洋眼镜、都市眼镜、换上一副农夫眼镜。"③ 乡村建设就是要通过长期的努力，去培养新的生命，振拔新的人格，促成新的团结，从根本上再造一个新的民族。为了实现民族再造和固本宁邦的长远目的，他在做了认真系统的调查研究后，认定中国农村最普遍的问题是农民中存在的"愚贫弱私"四大疾病；根治这四大疾病的良方，就是在乡村普遍进行"四大教育"，即文艺教育以治愚、生计教育以治贫、卫生教育以治弱、公民教育以治私，最终实现政治、教育、经济、自卫、卫生、礼俗"六大建设"。为了实现既定的目标，他坚持四大教育连锁并进，学校教育、社会教育、家庭教育统筹协调。他把定县当作一个"社会实验室"，通过开办平民学校、创建实验农场、建立各种合作组织、推行医疗卫生保健、传授

---

① 《梁漱溟全集》第二卷，山东人民出版社 2005 年版，第 161 页。

② 同上。

③ 《晏阳初全集》第一卷，天津教育出版社 2013 年版，第 221 页。

农业基本知识、改良动植物品种、倡办手工业和其他副业、建立和开展农民戏剧、演唱诗歌民谣等积极的活动，从整体上改变乡村面貌，从根本上重建民族精神。

可以说，"乡村建设运动"的出现，不仅是农村落后破败的现实促成的，也是知识界对农村重要性自觉体认的产物，两者的结合，导致了领域广阔、面貌多样、时间持久、影响深远的"乡村建设运动"。而在"乡村建设运动"的高峰时期，各地所开展的乡村建设事业历史有长有短，范围有大有小，工作有繁有易，动机不尽相同，都或多或少地受到了邹平实验区、定县实验区的影响。

20世纪前期中国的乡村建设，除了知识分子领导的"乡村建设运动"，还有1927-1945年南京国民政府推行的农村复兴运动，以及1927-1949年中国共产党领导的革命根据地的乡村建设。

"农村复兴"思潮源起于20世纪二三十年代，大体上与国民政府推动的国民经济建设运动和由社会力量推动的"乡村建设运动"同时并起。南京国民政府为巩固政权，复兴农村，采取了一系列措施：一是先后颁行保甲制度、新县制等一系列地方行政制度，力图将国家政权延伸至乡村社会；二是在经济方面，先后颁布了多部涉农法律，新设多处涉农机构，以拯救处于崩溃边缘的农村经济；三是修建多项大型水利工程等，以改善农业生产环境。1933年5月，国民政府建立隶属于行政院的农村复兴委员会，发动"农村复兴运动"。随着"乡村建设运动"的开展，赞扬、支持、鼓励铺天而来，到几个中心实验区参观学习的人群应接不暇，平教会甚至需要刊登广告限定接待参观的时间，南京国民政府对乡建实验也给予了相当程度的肯定。1932年第二次全国内政工作会议后，建立县政实验县取得了合法性，官方还直接出面建立了江宁、兰溪两个实验县，并把邹平实验区、定县实验区纳入县政实验县。

1925年，成立已经四年的中国共产党，认识到农村对于中国革命的重要性，努力把农民动员成一股新的革命力量，遂发布《告农民书》，开始组织农会，发起农民运动。中国共产党认为中国农村问题的核心是土地问题，乡村的衰败是旧的反动统治剥削和压迫的结果，只有打碎旧的反动统治，农民才能获得真正的解放；必须发动农民进行土地革命，实现"耕者有其田"，才能解放农村生产力。在地方乡绅和知识分子开展"乡村建设运动"的同时，中国共产党在中央苏区的江西、福建等农村革命根据地，开展了一系列政治、经济、文化等方面的乡村改造和建设运动。它以土地革命为核心，依靠占农村人口绝大多数的贫雇农，以组织合作社、恢复农业生产和发展经济为重要任务，以开办农民学校扫盲识字、开展群众性卫生运动、强健民众身体、改善公共卫生状况、提高妇女地位、改革陋俗文化和社会建设为保障。期间的尝试和举措满足了农民的根本需求，无论是在政治、经济上，还是社会地位上，贫苦农民都获得了翻身解放，因而得到了他们最坚决的支持、拥护和参与，为推进新中国农村建设积累了宝贵经验。与乡建派的乡村建设实践不同的是，中国共产党通过领导广大农民围绕土地所有制的革命性探索，走出了一条彻底改变乡村社会结构的乡村建设之路。中国共产党在农村进行的土地革命，也促使知识分子从不同方面反思中国乡村改良的不同道路。

"乡村建设运动"的理论和实践，说明在当时的现实条件下，改良主义在中国是根本行不通的。在当时国内外学界围绕乡村建设运动的理论和实践，既有高歌赞赏，也有尖锐批评。著名社会学家孙本文的评价，一般认为还算中肯：尽管有诸多不足，至少有两点"值得称述"，"第一，他们认定农村为我国社会的基本，欲从改进农村下手，以改进整个社会。此种立场，虽未必完全正确；但就我国目前状况言，农村人民占全国人口百分之七十五以上，农业为国民的主要职业；而农产不振，农村生活困苦，潜在表现足为整个社会进步的障碍。故改进农村，至少可为整个社会进步的张本。第二，他们确实在农村中不畏艰苦为农民谋福利。各地农村工作计划虽有优有劣，有完有缺，其效果虽有大有小；而工作人员确脚踏实地在改进农村的总目标下努力工作，其艰苦耐劳的精神，殊足令人起敬。"① 乡村建设学派的工作曾引起国际社会的重视,不少国家于二次世界大战后的乡村建设与社区重建中,注重借鉴中国乡村建设学派的一些具体做法。晏阳初 1950 年代以后应邀赴菲律宾、非洲及拉美国家介绍中国的乡村建设工作经验,并从事具体的指导工作。

总起来看,"乡村建设运动"在中国百年的乡村建设历史上具有承上启下、融汇中西的作用,它不仅继承自清末地方自治的政治逻辑,同时通过村治、乡治、乡村建设等诸多实践,为乡村振兴发展做了可贵的探索。同时,"乡村建设运动"是与当时的社会调查运动紧密联系在一起的,大批学贯中西的知识分子走出书斋、走出象牙塔,投身于对中国社会的认识和改造,对乡村建设进行认真而艰苦地研究,并从丰富的调查资料中提出了属于中国的"中国问题",而不仅是解释由西方学者提出的"中国问题"或把西方的"问题"中国化,一些研究成果达到了那个时期所能达到的巅峰,甚至迄今难以超越。"乡村建设运动"有其独特的学术内涵与时代特征,是我们认识传统中国社会的一个窗口,也是我们今天在新的现实基础上发展中国社会科学不能忽视的学术遗产。

历史文献资料的收集、整理和利用是学术研究的基础,资料的突破往往能带来研究的创新和突破。20 世纪前期的图书、期刊和报纸都有大量关于"乡村建设运动"的著作、介绍和研究,但目前还没有"乡村建设运动"的系统史料整理,目前已经出版的文献多为乡建人物、乡村教育、乡村合作等方面的"专题",大量文献仍然散见于各种民国"老期刊",尘封在各大图书馆的"特藏部"。本项目通过对"乡村建设运动"历史资料和研究资料的系统收集、整理和出版,力图再现那段久远的、但仍没有中断学术生命的历史。一方面为我国民国史、乡村建设史的研究提供第一手资料,推进对"乡村建设运动"的理论和实践的整体认识,催生出

---

① 孙本文:《现代中国社会问题》第三册,商务印书馆 1944 年版,第 93 - 94 页。

高水平的学术成果；另一方面，为当前我国各级政府在城乡一体化、新型城镇化、乡村教育的发展等提供参考和借鉴，为乡村振兴战略的实施做出应有的贡献。

由于大规模收集、挖掘、整理大型文献的经验不足，同时又受某些实际条件的限制，《20世纪"乡村建设运动"文库》会存在着各种问题和不足，我们期待着各界朋友们的批评指正。

是为序。

李锦林

2018年11月30日于北京

编辑体例

一、《20 世纪"乡村建设运动"文库》收录 20 世纪前期"乡村建设运动"的著作、论文、实验方案、研究报告等，以及迄今为止的相关研究成果。

二、收录文献以原刊或作者修订、校阅本为底本，参照其他刊本，以正其讹误。

三、收录文献有其不同的文字风格、语言习惯和时代特色，不按现行用法、写法和表现手法改动原文；原文专名如人名、地名、译名、术语等，尽量保持原貌，个别地方按通行的现代汉语和习惯稍作改动；作者笔误、排版错误等，则尽量予以订正。

四、收录文献，原文多为竖排繁体，均改为横排简体，以便阅读；原文无标点或断句处，视情况改为新式标点符号；原文因年代久远而字迹模糊或纸页残缺者，所缺文字用"□"表示，字数难以确定者，用（下缺）表示。

五、收录文献作为历史资料，基本保留了作品的原貌，个别文字做了技术处理。

编者说明

　　1934 年 12 月，商务印书馆出版了金轮海编著的《农村复兴与乡教运动》，作为师范用书的一种。该书详细分析了中国农村的现状、农村崩溃的原因、农村经济的发展趋势，探讨了通过乡教运动复兴农村的前景，以及乡教运动与学校教育、乡教运动与社会教育的关系。本次编辑，以上述版本，收入《20 世纪"乡村建设运动"文库》。

江序

　　农村之待复兴，乡教之待促进，诚为吾中华民族当前最迫切最重要之问题。金轮海先生努力于乡村教育有年，其平日办事之能与学养之优，均不可多觏。近更出其所著《农村复兴与乡教运动》一书以示余；余受而读之，觉其内容丰富，取材精当，注重实例，一挥浮词，自非率尔操觚羌无实际者所能比拟。是书之出，不仅足资乡教同志之借镜，且亦可供行政当局之参考。爰附一言，以弁其端。

江恒源二三，三，一六

编辑凡例

（一）农村复兴，宜以经济建设为目的，乡教运动为中心。故本书编辑，前四章以农村经济为骨干，后五章以乡教运动为中心，末一章系乡教运动的实例。

（二）农村领袖凡三：行政领袖，精神领袖，技术领袖。所以乡教运动的基本组织，宜以区公所（行政领袖），中心小学（精神领袖），农民教育馆（技术领袖），切实联合为三位一体的乡教运动的团体。

（三）农村复兴，以经济建设为骨干。而经济建设的具体办法，有待于合作运动的推进。故本书对于合作运动，讨论綦详，幸读者注意。

（四）本书编辑，抛弃普通直进式的序述，而采取圆周形的讨论。故前后各章，将农村各项问题，循环讨论，务使读者易于浏览而领会。

（五）本书言论，都以事实为中心。凡关于农村复兴的理论与原则，概不列入。

（六）本书各章末，皆附整理表。将全章材料，提纲挈领，胪列成表，以清眉目。使读者阅完以后，更得浏览全章纲领。

（七）本书由同学何子祥、吴燮变志、王淦三君誊写，并由单子明先生代为整理，详加校阅，特此附谢。

（八）本书实际材料，有许多系由徐公桥乡村改进会主任陆叔昂先生供给的；并承中华职业教育社主任江问渔先生作序，一并附谢。

（九）编者自审学识陋，谬误难免，尚希海内乡教同志，有以指正为幸。

目　次

第一章　农村现状

第一节　绪言

国家的基础

国家的基础，是建筑在最大多数的人民身上。美总统罗斯福曾经说："从来未有一个国家，得着了恒久的伟大，除非这伟大是建筑在靠土壤为生活的农民阶级的身上。"我国农民，占全国人口百分之八十以上，那末国家一切组织的基础，理当建筑在农民身上。

农村的凋敝

几乎全国都是农民的中国，国家的税收，大部来自农民身上。一切的行政，大多赖农民来维系。这样的国家，农村事业，应该非常的发达；农村的社会，应该充满着蓬勃的朝气；农村的组织，理当特别的坚固而完密。可是事实告诉我们，恰得其反。农民生活，日形枯窘；衣不能暖体，食不能果腹，住不得栖所；凄凉满目，比比皆是。

吾国以农立国，幅员的广袤，人口的繁庶，土壤的沃腴，气候的温和，一切条件，都利于生产而维系生存于不敝。但自鸦片战后，帝国主义者挟其资本的势力，吮吸我脂膏，荼毒我民族，戕贼我国命脉。据海关列年的报告，入超之数，恒以数万万两计。偌大漏卮，不知抵补，国计民生，岂能不发生绝大的危机呢！兼之政治不上轨道，封建势力的剥削，军阀的专横，土劣的豪霸，更使农民的生活，发生动摇。兹引对外贸易统计表为证：

年份	入超实数（海关两）	入超百分比
一九一二年 （民国元年）	102、576、628	100
一九二一年 （民国十年）	304、866、902	297
一九三一年 （国民二十年）	524、013、669	511
一九三二年 （民国二十一年）	556、605、240	244

复兴农村的前奏

环顾国际状况，详察国内情势，吾国民生不聊，农村疲弊，实有其原因在，决非偶然的事实。现值复兴农村的声浪，高彻云宵的当儿，我们要引导疲弊的民生，衰落的农村，向新的路上发展，必须先行明白农村的现状。

农村的经济，如何的凋敝？农村的土地，怎样的扩大？农村的人口，究属多少？农村的生产、卫生、风习等问题，究属如何？总之，说起复兴农村，真是千头万绪，不知从何着手。就在资本主义统治的欧美各帝国主义，同样也闹着农村衰落的现象。

这个严重的农村，没落的现象，好像一个人患着重病似的。我们要救济凋敝的农村，也就像西医治病人一样。医治病人，应当先经过诊断、验血……等步骤，才能施用手续，配服药料。复兴农村，也必须预先从事农村调查，以明农村的经济、土地、组织、人口等等现状。

第二节 农村的经济

农村的经济

在大多数的农村，农民的经济，完全达于破产了。破产了的农民，或流于土匪，或投身军队，或结队出外游荒，这是他们唯一的出路。

造成这种现象的最大的原因，可以分为两方面来说：（甲）农村自身的腐败，如生产技能的古旧，科学常识的贫乏，风俗习惯的恶劣等等。（乙）环境的层层压迫，如田赋的苛刻，高利贷的剥削，资本主义的侵蚀等。

在这样双重的情势之下，就造成了农村经济崩溃的尖锐化，而现着法国大革命前晚时的同样形势。农村自身的腐败，在下列各章，详细讨论。本节只述环境压迫所造成的农村经济的恐慌。

田赋苛征的调查

这里将一九二二年，金陵大学农科在安徽芜湖调查中农的收入和负担沉重的田赋，用数量来表示农村经济的现况。

据调查结果，在这区域内，每农户所有的田亩，约值银一、六〇〇元，屋舍价值约一八〇元，农具等物约十元，家具四元，每户的耕牛约四〇·一八元。所以合计起来，一中等农户的资本不过一、八三四元。

农民预算的收入部分，约有一百二十五元是货币的形式。收入之自然部分，供农民家庭之消费者，约有一四七·六〇元。收入总数约有二七二·六〇元。

中农每户的支出，有一一六·一〇元，是农户的每年家用。资本的消耗的部分，则为二·三八元。支出总数为一一八·四八元。中农的经济里头的收入项下，还要加上由雇佣劳动剥削得来的进项，其数约为一五四·一二元。这个是多么可注意的一回事！这个数目可以证明中国农村的外表，虽然像是一个经济上收支一致的合体，而其真相乃不如是。

中国经济的大部分，已变成商品经济。农产物运市场去卖，农民依赖市场以销售其农产物品，然后才能偿清其最重要的担负——租税。因为在农民的支出预算中，租税占很大部分。

这笔支出，完全是用货币缴纳的。假如能设法减轻，则农民可以用来发展他的经济了。每年缴交一个中央政府的田赋，已有八六、五七八、五一七元。这数目是根据民国八年的财政预算。这种田赋征收的时候，税吏还有很多的陋规，省县方面还有许多的附加，有些地方所征的田赋，比起原定额高五倍。

加在农人身上的田赋，常常使世界资本家垂涎。中国海关英税务司在其上中国政府的说帖中，算到收入一项，曾说着田赋由国际帝国主义管理，则可以增加收入。这说帖只包括中国本部的土地，计一千六百万方里，每方里有五百四十亩，若果我们不要零数，假定每方里有五〇〇亩，那中国本部共有八、〇〇〇、〇〇〇、〇〇〇亩了。每亩征税二百钱，每二千钱约与一两相当，算起十亩的田赋，便有一两了。全中国土地所出的税额，应有八万万两之多。就算山河湖泽所占的地方，和荒歉的年岁，去了此数的百分之五十，每年的田赋，收入还有四万万两呢！

帝国主义的说帖说："中国的田赋，源源不竭，可保长久征收，没有一样税收，能够像它那样恒稳。"

农民收入部分，须用这样多来纳税，其百分比例数拿给世界各国看看，真可惊人，既是这样，就无怪乎巨大农民群众都陷于今日这个半饥饿的生活中了！贫穷的农户，连所谓生产的消费，也不能得到，更无怪乎农业之日趋衰败，农村恐慌之层见叠出。同时，更危险的，这是逼迫许多的下层农民群众，脱离土地，引起农村显巨的阶级分化。

总之，农户一般收入之低，田赋之过高，农民用在生产的消费的货币部分之少，下层农民土地之被褫夺，沿海省分农村的大帮绅富之逐渐形成，农产品之对于市场之依赖，……所有这些事实，正是在唤起我们对于农村方面的注意，努力新农村经济的建设呵！

再看最近东方杂志第三十卷二十二号关于江苏省田赋附加税的调查，更可以显示农村经济的一般形势。

江苏财政，入不敷出，……然一考人民负担，亦已极端苛重。其原因则田赋附则，越过正税有数倍者，有十余倍者，甚至有二十六倍以上者，洵属骇人听闻。盖省正税银每两一元二角八分，米每石二元六角。县正税银每两三角，米每石一元，均有一定之标准。而省专税如教育专款，水利专款，名目亦尚简单，（按名目虽简，但税捐却甚重。）惟县附税一项有：

（一）教育费（二）公安亩捐（三）自治亩捐（四）积谷亩捐（五）党部民众捐（六）农事改良捐（七）普教亩捐（八）抵补金亩捐（九）芦课自治捐（一〇）芦课党务捐（一一）清丈（一二）保卫团捐（一三）水巡队经费（一四）警察队经费（一五）户籍费（一六）习艺所亩捐（一七）教育特捐（一八）师范经费（一九）防务费（二〇）区经费（二一）区圩塘工捐（二二）乡镇经费（二三）村制费（二四）公益费（二五）开河经费（二六）保坍费（二七）建闸费（二八）国省选举费（二九）修志费等

名目繁伙，举办原意，无不具有正当理由，而重叠递加，变本加厉，罔顾民力。本年苏省曾有审查地方预算委员会之设，将县预算送省核办。一切地方用途，由省统筹策划，以为减轻县附张本。……兹据民二十二年十月二十四日《中央日报》调查各县正附税比较附录，以明真相。（下表已加以整理排列）

县别	省县正税（单位千）	省县附税（单位千）	超过倍数	超过成数
江宁	20.1	87.5	3	
镇江	25.2	40.9		6
丹阳	28.3	64.8	1	
金坛	21.0	47.1	1	
扬中	2.9	11.1	2	
句容	14.8	36.7	4	
溧水	5.5	22.5	3	
高淳	4.8	19.8	3	
武进	62.2	102.3		6
无锡	50.0	82.4		4
宜兴	46.1	80.0		7
江阴	37.5	93.2	4	
溧阳	25.7	53.7	1	

续表

县别	省县正税 （单位千）	省县附税 （单位千）	超过倍数	超过成数
吴县	82.8	148.5		7
常熟	67.8	129.9		9
昆山	49.1	74.4		5
吴江	62.4	84.4		3.5
松江	50.6	63.5		2.5
青浦	37.0	48.8		3
奉贤	21.6	26.3		2
金山	17.7	25.6		4.5
上海	12.7	15.2		2
南汇	31.9	52.3		6
川沙	4.8	11.1	1.3	1
太仓	40.1	48.4		2
嘉定	20.6	45.6	1	
宝山	11.3	25.8	1	
南通	11.0	69.9	5.2	
海门	2.9	75.5	25	
如皋	7.7	137.1	16	
崇明	2.8	49.7	16	
启东	4.2	19.9	3.5	
泰安	17.5	71.8	3	
靖江	12.2	33.3	1.6	
东台	9.9	31.4	2	
泰兴	8.0	74.4	8	
江都	19.3	99.5	4	
仪征	5.0	30.0	5	
宝应	5.5	52.8	8	
高邮	7.5	93.8	11	

县别	省县正税 （单位千）	省县附税 （单位千）	超过倍数	超过成数
江浦	5.7	16.2	1.5	
六合	13.3	36.9	1.5	
盐城	11.3	94.6	7	
阜宁	8.0	96.8	11	
兴化	11.0	78.6	6	
淮阴	2.8	36.7	12	
泗阳	4.1	36.7	7.9	
涟水	4.7	69.1	13.7	
淮安	11.3	80.2	6	
宿迁	5.7	27.8	3.8	
铜山	16.4	24.3	5	
丰	4.7	42.7	8	
沛	4.7	45.8	8.7	
萧	10.8	66.4	5	
砀山	3.4	26.9	6.8	
邳	6.2	40.7	5.5	
睢宁	3.8	32.4	7	
东海	1.4	13.9	8.5	
赣榆	4.5	36.4	7	
沭阳	9.2	54.5	4.8	
淮云	2.0	42.9	20	

由上表观之，江北各县之附加税，重于江南。经济落后之区，甚至以十余倍乃至二十六倍计，田赋附加税之重如此！横征暴敛，一至于此。

这样重的田赋，直接加诸农民身上，农民安得不穷乏，农村经济，安得不破产。

金融调剂机关的缺乏中国农村，向来没有调剂金融的机关，而一般农民，又无自治的能力，自动组织调剂机关。于是一般土豪劣绅，乘机活动，将高利的金钱、粮食、农具、借给农民，以资剥削。这样无限止的榨取，也使农村经济高度的崩溃。关于高利贷的情形，待下章详述。

资本主义的侵蚀我们再打开最近十年来海关货物进出口的统计表，来看看入超的激增，更觉得帝国主义的吮血吸髓，令人胆寒心裂！

十年来对外出入口贸易及入超数表（单位千关两）

年份	出口	入口	总额	入超
一九二三	752、917	923、403	1、676、320	170、485
一九二四	771、784	101、832	1、789、995	246、426
一九二五	766、353	947、865	1、724、218	171、512
一九二六	864、295	1、124、221	1、988、516	259、926
一九二七	918、620	1、012、932	1、931、551	94、311
一九二八	991、355	1、195、969	2、187、324	204、614
一九二九	1、015、678	1、265、779	2、281、466	250、091
一九三〇	894、844	1、309、556	2、204、599	514、912
一九三一	909、476	1、433、489	2、342、935	524、012
一九三二	492、641	1、049、247	1、541、888	556、605

上表指示我们，外货的进口，势如海浪江潮。虽中国出口的货物，亦年有增加，但增加的速率，远不若入口。是以入超额量的激增，颇有一日千里之势。故至民国二十年的入超，竟达五二四、〇一三、六六九两。偌大漏卮，不能补救，农村经济，安得不竭。

总之，农村经济的疲乏，最大的原因，内受苛税杂捐的剥削，外受资本主义的侵蚀，而形成了农村经济衰落的严重问题。

第三节　农村的土地

土地的历史

在中国历史上，自古迄今，不断的发生平均地权的运动。实在土地与民生，有密切的关系。土地一天不解决，民生就因之而不得解决。自从井田制破坏以后，（关于井田制度，虽尚有人抱是否曾经实行的怀疑，然自周秦以来，为谈政者一种理想的土地制度，则确为事实。而原始经济的状态，有一个土地共有的阶段，亦确是人类生活的普遍现象。）土地归于个人私有，就形成了"富者田连阡陌，贫者无立锥之地"的社会病态。

汉时土地兼并的风潮益盛，贫富日趋悬殊。武帝有限田制的建议，但迄未实行。至王莽的实行王田制度，以人民反抗，终未彻底实行。其后晋代的占地制度，意欲增加税源。后魏的均田制，以谋安插游民，奖励稼穑；并以荒土闲地，给予贫民，也是图增税源的方法。这许多方法，都非解决土地问题的根本办法。

最近太平天国的崛起，许多领袖，多为烧山种田的农夫，实含有农民革命的意味。迨攻克南京后，就有均分共有性质的土地政策，宣布出来。不过这种政策，不克实现，就随太平天国的灭亡而归于消灭。

自国民革命告成，孙总理标榜民生主义，以耕者有其田为第一要义，惟所拟的平均地权办法，至今朝未见实行。

土地的现状

以上所述，是关于土地问题的史底检讨，下面要谈谈农村土地的现状了。

我国中南两部许多省份，暨北部如黄河下游的河南山东，人口都很稠密的。其耕地似已达到"精耕程度，"饱受报酬渐减律的支配了。但在东北与西北，广大的空旷面积，尚无人顾及，殊为可惜。人口稠密之处，又复地片零碎，沟畦不整，占地尤多。大块良地，常作他用，兹举数种，以示一二。

一、坟地营葬的地方，多系良田。而所占面积，较诸实在需要的，多至十数倍。

二、柴草地大块良田，不种五谷，而长柴草，仅供燃料。

三、森林地高原之地，重冈复岭，皆可造林，培养林木，生产油果，今皆荒弃。

四、牧畜地天然牧场，不能完全利用。西北各省，此象尤著。

五、道路沟渠畦畔等地屈曲道路，不正沟渠及畦畔之多，均占广大面积。

六、耕地散漫耕地不独划分很小，且多四散，损失劳力与时间。

这样多的弃地，不知利用，甚为可惜。无怪农村的土地，要成为农村运动中的严重问题。

土地的分配

农村土地的分配，自井田制被废以后，虽有不断的平均地权的运动，但事实上地权因而愈集中于富贵人家，农民益趋于贫苦之境了。

农村土地分配的趋势，大概如下：

一、农民土地，尤被兼并。

二、土地主权，尤形集中。

三、地主威权，与时俱长。

四、农民无农田，益趋分散，耕地整理问题，因之发生。

中国历来土地分配，素无统计可稽。兹据民国七年第七次农商部统计表如下：

省别	十亩未满		十亩以上		三十亩以上		五十亩以上		百亩以上		合计	
	户数		百分比		户数		百分比		户数		百分比	
北平	13、078	24.9	13、50	22.1	145、289	23.8	25、367	18.9	63、147	10.3	61、048	
河北	1、373、458	34.5	1、080、988	27.1	796、927	20.0	508、801	2.8	224、389	26.1	3、984、662	

省别	十亩未满		十亩以上		三十亩以上		五十亩以上		百亩以上		合计	
	户数	百分比	户数	百分比	户数	百分比	户数	百分比	户数	百分比	户数	百分比
辽宁	345、896	19.9	37、1038	21.3	416、744	23.8	348、367	20.6	258、264	14.8	1、738、309	
吉林	44、431	7.6	97、977	16.7	161、016	21.4	133、261	22.5	152、836	25.8	589、551	
黑龙江	19、518	5.9	31、740	9.8	54、653	163	76、968	23.9	151、617	42.2	335、496	
山东	2、184、51	40.8	1、537、558	28.7	931531	17.4	486、856	9.1	207667	3.9	5、350、147	
河南	1、829、.24	39.7	1、158、549	25.1	799、104	17.4	490、177	10.6	318、912	7.1	4、606、576	
山西	384.452	21.6	394、385	4.2	361、101	23.2	337、496	20.7	151、702	9.3	1、630、140	
江苏	231、483	510	129、423	28.5	566、580	12.5	271、116	5.9	94、947	2.1	9、541、749	
安徽	1、037、640	36.3	932、172	3.4	405、173	14.1	299、541	10.4	197、962	6.9	2、873、489	
江西	3、011、123	74.1	678、657	16.7	291、042	7.1	70、941	1.9	13、193	0.3	4、061、956	
福建	870、816	53.7	508、768	71.3	176、106	2.0	58、735	3.5	9.04	0.5	1、621、449	
浙江	177、046	53.3	1、013、987	30.6	336、188	2.0	137、313	4.0	32、004	0.9	3、339、556	
湖北	1、44、231	9.7	1、023、403	28.1	666、586	18.0	391、146	10.8	126、287	3.9	3、636、654	
湖南	354、862	24.6	246、321	24.1	285、987	26.1	244、920	17.0	105、707	8.2	1、437、797	

| 省别 | 十亩未满 | | 十亩以上 | | 三十亩以上 | | 五十亩以上 | | 百亩以上 | | 合计 |
	户数	百分比	户数	百分比	户数	百分比	户数	百分比	户数	百分比	百分比
陕西	496、013	37.9	443、652	33.9	214、131	16.4	98、537	7.5	55、758	4.3	1、398、132
甘肃	288、748	32.8	212、871	24.9	161、013	18.9	122、844	14.4	68、653	8.0	854、199
新疆	161、540	35.1	155、765	33.8	69、210	15.0	53、527	11.2	20、072	4.4	460、124
四川											
广东	2、083、252	53.1	962、107	24.5	553、222	14.1	243、040	6.2	83、586	2.1	3、925、207
广西											
云南											
贵州											
热河	165、101	26.6	188、869	30.4	108、330	17.5	93、545	14.9	65、544	10.5	620、389
绥远	8、423	12.7	9、799	14.7	13、711	20.6	16、483	24.8	14、080	27.2	66、495
察哈尔	12、611	10.9	14、039	12.1	23、626	20.4	29、065	25.1	36、266	31.4	25、607
合计	20、352、285	42.7	12、611、998	26.4	7、651、575	16.0	4、625、096	9.7	2、467、618	5.5	41、708、662

　　由上表观之，我国农家所耕种的田地，在十亩以下的，占百分之四二·七，十亩以上，三十亩以下者，占百分之二六·四。总计耕种在三十亩以下的，约占百分之七〇。足征我国农业，确在小农制时代。

　　中国耕地的面积，分配极不平均。再可用武汉时代国民党土地委员会对于中国土地分配的调查证明。

中国农民户数，共五六、〇〇〇、〇〇〇户，各户平均以六人计算，则农民人数共三三六、〇〇〇、〇〇〇人。在这三三六、〇〇〇、〇〇〇人之中，地主共一五〇、〇〇〇、〇〇〇人，佣农共三〇、〇〇〇、〇〇〇人，游民、兵士、及农村小商人，共二〇、〇〇〇、〇〇〇人，佃农共一三六、〇〇〇、〇〇〇人。至于一五〇、〇〇〇、〇〇〇的地主之中，又可分为：

类别	亩数	人数（％）	占有地（％）
贫农	1—10	44	6
中农	10—30	24	13
富农	30—50	16	17
小中地主	50—100	9	19
大地主	100 以上	5	43

这种土地分配不均的现象，使地主压迫农民的程度，日益加剧。结果，中国农民大众，要向无地化的过程前进，而农村经济，将沦为瓦解的境地。

中国的农业经营，以自耕农，佃户及半自耕农为多，此等小农，外受外货之侵蚀，内受军阀的横行，生活日感苦痛，农村现出不安的现象。壮丁相率弃去其田里而流为兵匪，故农户日渐减少，耕田日渐荒芜。兹将前农商部历年统计全国农民户数耕制分类表录于后，以明农村土地分配的现况。

（一）

种类	自耕农	佃户	半自耕农	总计
户数	24、587、585	13、285、546	1、494、722	48、907、853
自分数	50	208	220	100

（二）民国九十两年河南、山西、江苏、安徽、陕西、察哈尔

六省区合计农家户数统计比较表

农户总数	九年	43、966、632
	十年	16、887、751
自耕户数	九年	25、178、773
	十年	3、050、603
佃农户数	九年	10、514、915
	十年	4、538、798
自种兼佃	九年	8、272、944
	十年	3、298、350

　　因九十两年农商统计，只此六省区，可以完全比较，故只就此六省区统计比较而概观其倾向。

　　（三）民国九十两年河南、山西、江苏、安徽、陕西、察哈尔六省区合计农田亩数统计比较表

农田总数	九年	138、639、358 亩
	十年	566、625、293 亩
自耕田数	九年	929、255、093 亩
	十年	380、256、864 亩
租种田数	九年	457、124、265 亩
	十年	186、368、429 亩

　　园圃亩数不在此内，兼合水旱两种田地。

　　（四）京兆、直隶、吉林、山东、河南、山西、江苏、安徽、陕西、察哈尔各省区合计农家户数耕田多寡累年比较表

六年	
十亩未满	10、014、232（户）
十亩以上	2、507、719

六年	
三十亩以上	4、978、728
五十亩以上	3、052、754
百亩以上	1、855、960
计	27、286、703
七年	
十亩未满	9、820、771
十亩以上	7、088、663
三十亩以上	4、506、783
五十亩以上	2、770、266
百亩以上	1、541、617
计	25、520、100
八年	
十亩未满	10、689、877
十亩以上	7、610、145
三十亩以上	4、673、203
五十亩以上	7、373、276
百亩以上	1、375、054
计	27、346、219
九年	
十亩未满	10、387、275
十亩以上	7、758、652
三十亩以上	4、716、276
五十亩以上	2、951、564
百亩以上	1、402、048
计	27、422、986

十亩未满	
六年	10、014、232
七年	9、829、771
八年	10、689、877
九年	10、387、276

十亩以上	
六年	2、507、719
七年	7、088、663
八年	7、610、145
九年	7、758、652

三十亩以上	
六年	4、978、728
七年	4、506、783
八年	4、673、203
九年	4、716、275

五十亩以上	
六年	3、052、774
七年	2、770、266
八年	7、373、276
九年	2、915、645

百亩以上	
六年	1、855、960
七年	1、514、617
八年	1、375、054
九年	1、402、048

计	
六年	27、286、703
七年	25、520、101
八年	27、346、219
九年	27、422、986

按自耕种，仅有农田十亩以下者居多，其所收获，虽尽归己有。然以十亩左右的收入，供奉一家五口（平均之数）的衣食，每人仅合二亩左右。其生活的艰难，可想而知。半自耕农，纵其农田，多在三十亩以上，然须将所获四分之一与人，其生活困苦，将更甚于自耕农了。至于完全租种的佃户，纵耕田面积，五十亩至百亩以上，但须将所获二分之一与人，则其生活之困，尤甚于自耕和半耕农了。

由此观之，农民的破产，势如潮涌，滔滔滚滚，向前猛进。中农破产，流为小农，小农破产，丧失其土地，流于都市，投身工厂，或为人力车夫，或流为兵匪，更不知其数了。

第四节　农村生产和生产技能

生产的现状

恐怕还有许多人，老是要这样的想，这样的说：中国是"地大物博"，"物产丰富"，"以农立国"。可是事实是这样的吗？最好请他睁开眼睛，看看摆在前面的事实，看看中国生产在世界经济体系中站在什么位置？

现在把世界经济危机发生前（一九二八）的美国几项重要的数字，与我国比较一下，也许是饶有兴趣的事吧！下面是美国驻华商业代办亚纳特（Arnold）的统计。

	美国	中国（以千为单位）	中国对于美国的百分比
铁路（里）	250	7	2.7
产煤（吨）	585、000	25、000	4.1
钢铁的消费（百分比）	99.4	0.6	0.6
燕麦生产（斗）	115、000	20、000	17.4
小麦生产（斗）	800、000	300、000	37.5
米的生产（升）	34、000	800、000	235、3
棉的生产（担）	15、000	2、500	14.3
纺机数	650	29	4.4
锭数	37、000	3、500	8.6
电力（启罗瓦特）	14、000	250	1.8
对外贸易（元）	9、000	1、300	12.1
汽车	22、000	22	0.1

这些"沉默"的数字，把中国生产落后的全景，完全宣布出来。除米的生产外，至多如小麦，只有美国的三七·五。至少如汽车，只有美国的○·一。看了这幅黯淡的图画，我们还有什么面孔说自己是"地大物博"的国家呢！

中国农田，约为十五万七千零五十二万五千二百七十亩。农民生产，当能自给。倘能采用科学的生产方法，利用新式的灵巧农具，则农产的增加量，可供全世界人口一年有余的粮食。但按一九三一年的海关统计，进口的米，计值六四、三七五、八五一海关两。一九三二年却是丰收，而进口的米计值一一九、二二八、六五三海关两。比前年度增加一倍。本年第一季仍有大批洋米进口，这种现象，我们真不知如何解释？"以农立国"而靠洋米生活，使人惭愧欲死！

总之，现在是机器工业称霸的时代，我们依旧用古代的犁锄，双手的力量来生产，结果自然比不上人家，以致生产落后了。沿海一带的几省，如江苏、浙江等省的情形，还比较好些。即就徐公桥的农民经济调查统计的结果看来，还有许多人家，是入不敷出的。这是号称富庶之区，尚且如此，西北各省，更无论矣。如陕西、甘肃等省的农民，现在不但米麦吃不到，就是树皮草根，也都吃个干净了。

生产的种类

中国农作物，以长江流域各省所产的米，黄河流域所产的麦，东三省与直鲁豫鄂四省所产的大豆为主要的。其次以河南、湖北、江浙所产的棉及皖浙闽鄂湘滇所产的茶为著。兹列表如下：

中国主要作物平常年之产量（国民政府主计处调查，产量单位千斤）

作物		产量	备注
稻	秋粮	87、305、174	以长江流域各省所产为最多，尤以两湖四川皖赣江浙七省为最著名，全国食米人口约一万四千万人
	糯	10、429、373	
小麦		42、337、461	以黄河流域直鲁豫秦晋所产为最多，长江流域次之，大概不宜稻之区生产较多
大麦		12、820、267	除同前外西藏亦为大宗
高粱		23、366、044	产于北部干燥之区，直鲁奉豫晋五省为最多
小米		21、723、908	以河南山东河北山西产量最多，东三省次之
玉米		14、777、823	以四川河北河南及辽宁四省产量最富
其他谷类		2、606、805	
大豆		23、084、036	以东三省与直鲁豫鄂四省为最多，近年输出额大增，竟达一千四百万石，价值一万三千万两现陷敌人之手殊为可惜
黑豆		537、412	以河北山西两省产量最多

作物	产量	备注
豌豆	1、487、858	产量以湖北云南四川为最富
其他豆类	2、627、467	全国各处均产，惟以水利不便之处为较多
甘薯	26、808、996	长江中下游，河套为最多
马铃薯	4、045、475	东南各省为多
芋	2、443、057	宜稻区为多
其他根薯	180、461	
大麻	185、069	全国均有而以湖北四川两省为最多
胡麻	89、575	产额以西北诸省为最富
苎麻	4、898	产地稀少只有湖南新疆等省
油菜子	1、156、898	产量以四川江西浙江三省为最多
棉花	1、627、935	以河南湖北江浙为多近年东南大学农科与金陵大学农科均致力于此已有日进之望不难□塞漏□
烟叶	348、712	以湖北江西为最多，全国均产之但所生产尚不足以供国人嗜好需要
落花生	4、382、444	以直鲁两广及苏皖江北居多，熟食花生仁以南京为最著，全年落花生产品之输出额不下一千九百万两
甘蔗	4、866、706	闽广为多
茶	2、173、613	以皖浙闽鄂湘滇六省为最多，占全世界之半，近年出口额减于前，瞠乎日英之后，改进光大实不容缓

中国蒙古及东北，均为天然的广漠牧场，畜牧事业，发达异常。尤以蒙古人素有畜牧的名称，问他们的家产，都以牲畜之数对的。平均每家有五十只羊，二十五匹马，十五头牛，十头骆驼。

本部各省，视牧畜、家禽、蚕桑为重要副业，往往利用闲暇，饲养家畜家禽及蚕。此项副产除充作肉食、缫制丝质外，禽畜和蚕的粪尿，又系绝好肥料，殊足增进农家的收入。兹将各省副业生产种类百分比，列于后：

各省副业生产种类百分比（民十九年内政公报三卷十一号）

省别	家畜（%）	家禽（%）	蚕桑（%）	其他（%）
江苏	34.98	30.21	11.74	23.07
浙江	30.81	6.67	22.37	40.15
安徽	25.00	15.40	15.63	43.97
江西	40.19	20.02	7.68	32.11
福建	26.63	20.12	？	53.25
湖北	23.21	1.19	20.24	55.36
湖南	14.72	10.89	11.35	63.04
四川	38.07	19.04	16.98	25.91
云南	41.60	11.07	9.81	37.52
贵州	33.54	17.29	11.04	38.13
广东	36.02	38.41	3.89	21.68
河南	30.75	15.78	18.02	35.45
河北	29.59	15.21	15.46	39.74
山东	25.61	6.10	18.57	49.72
山西	45.47	14.45	11.63	28.45
辽宁	56.68	14.98	6.37	21.97
吉林	65.77	15.29	——	18.94
黑龙江	56.68	15.94		27.38
新疆	46.52	10.23	8.24	35.01

省别	家畜（%）	家禽（%）	蚕桑（%）	其他（%）
热河	78.09	4.59	——	17.32
察哈尔	75.34	14.80	——	9.86
绥远	83.33	8.33	——	8.34

生产的技能

生产的技能，不外徒手、畜力、器械等。欧美各国，大多应用科学方法，精良器械。生产效力，因而激增。而中国农业技术，虽然也受到些欧美科学的激荡，然以守旧性深，依然局促于徒手、畜力和粗陋的器械及陈旧的方法之中。

土地使用法

中国农田经营，本部各省，概采集约法，西北东北，概为粗放法。

粗放经营，多用焚烧法，换草法及轮种法。焚烧法以犁松表土，或以锄锄之，集为土块，以稿草等焚烧之。多年林地，则以伐林后土表上的枝叶等焚烧之，以增进土壤的物理作用，而增加其土肥。换草法以地种谷，若干年后，任其生草，使适放牧之用，以资土地的休闲。轮种制度，其法使谷类作用，叶用作物，连年轮栽于一地。最精者则更以豆科作物与谷类及叶用者共行轮种。

大体言之，我国农地使用，概以集约为常。盖以三万四千万人之劳力，耕作于十五万七千万亩面积之中，实际上劳力与资本的消费，与所增收获物价值相较，不得成为相当的比例。

我国农民耕耘平地无论旱地水田，概用木制步犁，以黄牛或水牛的畜力，负挽于前，一人扶犁，驭之于后。如是一人一牛，每日工作，十时可耕田二亩，名曰翻田。入土深度二寸至五寸，每犁沟宽不过六寸，再深再宽则牛不胜其重，犁也不可支了。以犁之构造粗笨，摩擦力大，阻力也大，役畜负重自必增大。

耕地之后，须行碎土工作。所用工具，都以耙为之。旱地用踏耙，水田用齿耙，或用步犁，重耕一次。使土松碎，用具笨重，费时费力，莫此为甚。

播种不外点播、条播、撒播三种。点播概先用轻锄，或小锄作穴，而后下种。条播也用锄，先作沟条，然后下种。或于耕地时播种于犁沟，然后盖之。点播作穴，条播作沟，下种盖土，总需三次手续，而后播种工作，方能完了。

实施中耕，以松土除草，旱地概用人力，持锄行之，其耗人工，不合经济，一言难尽。

水田既用徒手施肥，旱田也多徒手为之，耗费劳力之甚，不可言喻。并且他们对于各种植物，应需何种养料，大多茫然不知。

傍山之区，或掘塘储水，或筑闸挡水，作沟引水，灌溉田亩。若近江边河岸的田亩，多用木制水车。以车戽之，或以踏水车戽水，车身长短，因水面高低而异。

旱地多作水沟，以便排水。水田则于田塍的低处，作一二水阙，以便排水。

禾谷类如米麦等，概用镰刀或弯刀，价虽低廉，质虽轻便，但人工甚费。

禾类或如稻麦等，豆菽类如大豆绿豆等，概用连枷打落，或以石辘木辘辊压，或以手揉，或于谷桶，玉米粟黍等则多徒手摘折，很费时间和劳力。棉花脱粒，近年才能利用新式轧花机。

第五节　农村的组织

农村社会的分类

中国农村的实况，是怎样的？这须要长时间的实地考察，才可以知道。中国农村的记载又很缺乏，所以要把中国农村，加以适当的分类，暂时是不可能的。现在这里仅就普通的观察，加以四方面的分析。不过这种分类，彼此间当然有共通的地方，不能以为彼此间是绝然不同的。

（一）从地域方面分析

1. 山村其所处的地位，或在山顶，或在山腰，或在山脚下。山村的人民，主要的职业，除耕种外，大多是以森林及猎守为生的。

2. 渔村大都处于海岸、江边、湖滨、或其他近水的地方。渔村人民的职业，主要的是操舟、捕鱼、晒盐。接于都市的渔村，以操舟为主要的职业，因为在水路上客商的运渡，货物的运输，都要他们帮助。远离都市的纯粹渔村，其人民则以晒盐、捕鱼为主要职业，兼及耕种。

3. 平原村其地交通、水利、土壤等各方面，都较别地为佳。其人民的经济活动，也较别地为优。接近都市的平原村，因都市里人民的需要，其人民的职业，大多为种植蔬菜、果实、饲养乳牛、鸡、鸭、猪、羊以供给都市人民的食用。栽植草木花卉，以供娱赏。和都市隔绝的平原村，因和别地不相往来，所以地方观念很深，血族关系很发达，生产品不是直接售出的，在经济收入方面也较为恶劣。

（二）从事业种类方面分析

地域方面的分析，是最基本的根据。事业的种类，大概是以地域的不同而产生的。从事业种类来分析，农村社会，又可分为四种：

1. 以种植农作物为主的农村其人民的全力，都在种一种或数种的农作物，此外也兼营蚕桑畜牧等副业。如中国长江流域各省，大多数的农村，夏种稻冬种小麦；黄河流域各省，大多数的农村，各种小麦，夏种杂粮及豆类。

2. 以经营蚕桑为主的农村其地的气候和土壤，适宜于桑树的栽培。如浙江的杭州、湖州及广东的三角洲一带地方。

3. 以畜牧为主的农村其地大概土壤瘦瘠，如蒙古甘肃和山西陕西的北部。

4. 以林业为主的农村大概在层山叠嶂的地方，如吉林等处。

5. 以蔬菜果实为主的农村大多在都市的附近。

（三）从人口方面分析

这方面的分析，比较简单，又可以分为二方面来分析，第一是从户口的疏密来分析，第二是从人口的家族来分析。

1. 疏居制的农村大都依照各家的农地地域而分散居住的。各农家互相分开。在以畜牧为主的农村里，为牧放管理的便利起见，不得不各就牧场而居。至疏居制的农村里，社交的机会更少，交通买卖等业更不方便。

2. 密居制的农村不是连属于农场，各农家相聚而居，形成一个村落的中心。以稻为主要作物的地方，因为水田过多，都选择高燥的地方为居处，因之形成了住宅中心区。在密居制的农村里，住宅和农场相离过远，管理不便。但是社交的机会较多，买卖、交通、娱乐等也较为便利。

3. 单姓农村其居民纯为一姓或一族，虽然也间有外姓或外族的居户，但是所占的势力不大。在这种农村里，人民除地方观念外，家族思想更深。家长或族长，有很大的势力。家族是一切政治的经济的中心。单姓农村，常发生械斗等事。

4. 复姓农村大概都是新开辟的和近都市的农村，其居民都自别地移来，而非土著。因之彼此虽同处一地，而差别也很深。

（四）从历史的久暂方面分析

农村历史的久暂，可以分作两种。

1. 旧村所经过的历史较久，其居民大多为土著。旧村有两种极端的现象，其一是发达过繁而向各地分化开来，其二是经某种的灾殃，渐趋凋残。

2. 新村有的是人工有意的创造，有的是移民自然的结果。新村的环境常较佳，所以常有蓬勃兴盛的气象。

变态的土建社会

中国的社会，在进化的过程上，比较经过了最长的时间，也是人类文明开发最早的一个部分。然而到现在仍没有完全脱离封建的模型。

本来中国模型的封建制度，从秦始皇统一起便已消灭了。汉唐宋明清各代的藩属制度，一代一代都有变迁，而不是和最初的封建制度为一样的模型。所以我们不能把原初的封建制度，去模型各种各样的封建制度，也不能因为各种各样的封建式的制度，不能完全和模型封建制度一样，便认为是脱离了封建制度。那末现在把民国以来的情况，来考察一下。

政治方面，各省的民政长官，名义上无论其为都督、督军、督办、委员、主席、总司令等，军事人员，兼领也好，分领也好，实际上总是以军事为其基础。换句话说，总是受军事的支配，代表政治的威权的，便是军事。并且一省内的军事、政治又都是绝对的各自独立的。他们的关系，乃仅是一种军事防卫上的拥戴和从属。并且这种从属的关系，也是互相的一种承认，这和封建领主间的从属关系，完全没有分别。

经济方面，经济的来源，也是任意向其领域内人民行使剥削租税和捐款。换句话说，他们在实质上也便成了领域内的土地最高所有者。领域内的人民，对于他们的负担，几乎看成了一种当然的义务。农村每年的收获，无论能否满足自身生活的需要，对于赋税捐款的负担，是认为天经地义般的，不敢延宕的。这和模型封建时代农民对于领主的报效，也完全没有分别。

法律和道德，也是有阶级身份之分别的，譬如人民犯了国家的禁令，便要受法律的制裁，政府枉杀了人民，便算不了什么。

所以今日中国的社会，自上至下的一级一级的统属，是一种武力威权的统属。下对上的一级一级的从属，是一种对武力威权的屈服和从属。法律和道德，也都是武力威权的表见。这种武力的威权，又发为多种多样的方面而产生多种多样偶像的崇拜之一种新的形态，这种社会的形态，就叫作变态的封建社会。

农村的自治制度

农村统治的制度，历代都有变更，最初发现于周礼地官司徒篇，令五家为比，五比为间，四间为族，五族为党，五党为州，五州为乡。比有比长，间有间胥，族有族师，党有党正，乡有乡大夫，州有州长，各掌本区内的政令，受教法于司徒，退而颁之于人民。考其德行道艺而劝之，纠其过恶而戒之。其后秦汉唐宋等朝，代有变更，名称虽异，但其目的则同的。至明制度益臻完备，自治也渐萌芽，迨至清末，始采欧美日的制度，建立了自治的基础。

民国肇兴，以山西办理的村制，成绩最佳。现在各省仿行，厉行村治。他的制度，拿满三百户以上的为主村，举村长一人，村副二人或四人，视事务的繁简，决定人数。村长村副，须择品学兼优，而有资历者，由村民投票公举之。其不满三百户的为散村，举村副一人或二人，（如不满三百户之村而财力充裕能负担一切公费的，也可独立为一主村。）划分数散村归一村长管辖，叫做联合村。故一村长，有管辖数联合村之权，而以各村副辅助之。主村散村之下，凡各村二十五家为一间，举一间长，又五家举一邻长。层层联属，办理一切公事。间长邻长，均受命于村长村副。村长村副之上，又有区长。县大者约分五区，县小者分四区，各区设一区公所，区长承禀省长及县长的命令，办理一切公务。

可是这些乡、邻、间的组织，形式上好像受到了革命的洗礼，从事组织农村建造新村。事实上仍旧脱不了封建势力圈套，因此一般土劣，依然在农村操纵、把持、鱼肉乡民。

农村的领袖

农村社会里的领袖，理当拿农村社会里的主人翁——农夫来干的。但是他们一年四季，忙个不了，那里有空闲的工夫，来领袖乡村，干乡村的事业。冬日或许有些空闲，可以做做事情，但是我们要知道一般农人的知识程度，斗大的一个字，还认不清楚，那里有能力去领袖乡村，主持大计呢？

自然，农村主人翁，自己放弃了责任，就有一般闲暇阶级的绅士们，出而代庖了。他们家里有些祖传的财产，不为衣食所迫，不为工作所苦，知识方面，大多读过些"诗云子曰，"所以颇能应付乡村里面小小的风波。拿他们的地位和资格，空闲的工夫，尽可以为地方服务，尽点小小的义务。

但是，这般领袖，真正能为农村造福，乡民谋利吗？事实上他们花费了光阴和精力，最大部分的工作，是来压迫乡民，保障自己的利益。

还有一种领袖，就是族老。在多姓的乡村社会里，族老的势力，或是不很大。在单姓或是在二三姓的农村里，他们的势力，就很大的。他们和乡绅不同的地方，是他们的势力，是从家族里面取得的。族老的资格，有的是年龄老，有的是辈分老，所以能号召本族的后辈。他们的威权颇大，有的时候，竟可以生死族人，凭着他们的威权。乡村里面的事业，自然容易办理，不过他们的事业，多半集中在祭祀祖先上面。社会的事情，虽然有的时候也管一管，像族学、施药、施米等，但是拘守旧制，总没有进取的精神。

最后，我们要谈的农村领袖，就是学校里的教师，恐怕要算是最好的领袖了。他们受了相当的教育，为乡村人士所推重。要是出来提倡乡村社会事业，一定比其他的领袖好得多。不过我们要想一想，中国的乡村，有百分之几，办了一个新式的学校。虽然没有数量的统计，我敢大胆说一句：中国乡村教育，多半还是私塾的世界。私塾的冬烘先生，一天到晚"之乎者也"，我们能希望他们改良农村社会吗？

总之，那些农村领袖，都不是真的领袖。他们除了压迫、欺侮农人，保障自己的利益以外，要想他们做些公共事业，为社会造福，恐怕不是件容易的事吧！

农村的人口

中国古来，是宗法制度的社会，一族同居，视为美风。但近来因了战乱、匪祸、暴动、天灾各种生活上的压迫，强大的宗法制度的威力，已被蔑视。家族散居四方，作为农业劳动组织的基础的大家族制度，已渐渐地弛缓崩坏了。即如现在各地新闻纸上所散见的修谱的广告，也不过是大家族制度的崩坏过程中的悲鸣的余喘罢了！

如近年直隶山东两省的人民移垦于东三省一带，北五省的大旱荒，饥寒交迫，不得不游食他方，就是实例。平时在冬季农闲时期，就有整批的难民，四处飘流，游食他方。最可怜的如贫困的河南，农村衰落的江苏省盐城等县的农民，于冬季农闲时期，已养成了非求食于他方不可的风气。

农民离村，在正常的状态，可以调节农村人口，救济农村生活困难，而且能阻止多数农民的离村。在都市则工商业的资本增加，购买力增进。同时可以促进农村的发达。但是现代的中国农村的破坏力，仍旧是继续地流行。农村的疲惫不安，农民失业的增加，食粮的缺乏，土地的不均，农产物的低落，死亡率的增加等，种种的社会的罪恶，不绝地发生。而且是在继续地激成。无论在任何的城镇或乡村，天天在增加失业、生活难、破产等社会的病态，以及为内乱导火线的各种悲惨混乱的情形啊！

第六节　农村的教育

农村教育的实况

农村的经济，如潮水一般的倒下来。一切建设在经济上的社会、政治、教育等等事业，也因之而崩溃。这里叙述的农村教育，自然惨淡无色。

农村教育，一方面应当指导农村的儿童，一方面也应指导农村的社会。农村学校，就是指导社会的中心，教师就是指导社会的灵魂。现在的农村教育，不用说指导农村社会谈不到，就是指导农村儿童也离实际太远。陶知行先生有几句话说得非常透彻，他说："他教人离开乡下向城里跑，他教人吃饭不种稻，穿衣不种棉，做房子不造林，他教人羡慕奢华看不起务农。他教人分利不生利。他教农夫子弟变成书呆子。他教富的变穷，穷的变得格外穷。他教强的变弱，弱的变得格外弱。"这几句话，实在是现代中国农村教育的写真。

农村教育机关的缺乏

农村的教育机关，能有一个小学校，已经算大幸了。大批的儿童，都是送到私塾，交托冬烘先生之手，整天的高唱"人之初""性本善""子曰子曰"等滥调。至于教导青年男女的学校，那是完全没有的。就是有小学校了，也因经济支绌，将庙宇改为学校，因陋就简，敷衍从事。所有课程，大多抄袭城市，对于农村切要的生活课程，全然缺乏。偶或有一二小学校，设有农业课程，然图书标本都没有，口头空讲，有什么效率。至于实习的土地、鸡舍、蚕室等的房屋、农具、蚕具等的器用，更不能齐备了。

人才的缺乏

人类没有教育是危险，有教育而无办教育的人才，更是危险。无论什么事情，最怕的是不会什么而办什么，会什么而不办什么，办什么而没有什么。现在的农村教育，就是这样。办农村教育的人，多不懂农村教育。懂农村教育的人，多不办农村教育。想办农村教育的地方，又有时没有办农村教育的人才。因此，各地方的农村学校，便没有走上正当的轨道。现在乡间受过几年小学教育的人，多数找不到职业，好吃懒作，游手好闲。家里有点资产的，便做了流氓，有点势力的，便做了土豪劣绅。既没有资产，又没有势力的，便做了恶棍，无恶不作。所以我常说中国的农村教育，是造就流氓土豪劣绅及土匪恶棍的教育。这样教育愈普及，国家社会岂不愈穷困愈危险。所以如此，一方面由于农村教育之根本错误，一方面由于办理的人才缺乏。

农村学校教师，有高级小学毕业者，有师范讲习所毕业者，有初级中学毕业或肄业者以外，还有一部分就是前清的童生、秀才（俗谓之冬烘先生）。高小毕业的，多数程度太浅，不用说教育的知识没有，普通常识有时都感觉缺乏。冬烘先生的不懂教育，不识潮流，是人人都晓得的。中学肄业或毕业者，外面看来，似乎程度较高，实际他们的不懂教育，与高小毕业者无异。师范讲习所是专为造就农村学校教师而设立的，其中毕业者，按理说是农村学校的正当教师，是农村教育的主脑。但是，他们虽受过师范教育，普通常识却仍是缺乏。这样的人当农村学校教师，怎会有好的结果？

交通不便

农村的道路狭隘异常，且距离辽远，学生幼小的，每虑过远，不愿上学。倘使一逢天雨，泥泞湿滑，步行艰难，所以办农村教育的，有句口头禅道："风吹一半，雨落全无。"这是农村小学儿童出席情形的写真。至于冬季寒风大起，积雪盈尺，通学更觉不便了。

休假日期不合农时

农村学校里，普通总有这种病象，学校方面，总说儿童的旷课太多，而家庭方面，则说学校的放假太多。其实，就是学校的休假日期，不合农务的时节。农忙的时候，家庭的劳力，常感不足。儿童必须在家助理一切，或襄助父兄的耕作，或料理家中杂务，或陪伴弟妹，或放牛刈草，以致旷课甚多。因此学校功课，不能预定，儿童程度低落异常。而星期暑假，农村实无放假的必要，儿童居家喧扰，忘却课业，于是一般农民，谓学校教授不勤了。

第七节　农村的卫生和风习

农村的卫生状况

总理说过，人生一日不可或缺的，就是"保"和"养"两件事。我们对于"养"，大家都知吃饭是个重要问题。不过这养的问题，不在本节讨论范围以内，而农村的"保"，却始终没有注意他。大概中国的农村，一因警察行政不良，二因农村自治未曾实行，三因农民缺乏卫生上的知识，所以每多发生时疫。如春季的天花、夏季的虎疫、赤痢、冬季的伤寒等。结果就有惊人的事，显露在我们的眼帘。下面是一张各国死亡率的比较表，中国的死亡率，竟然占到了世界的最高峰。

各国死亡率比较表（见民众周报一七六期）

国名	死亡率（每千人中）
挪威（一九二六年）	10.6
丹麦（一九二五年）	10.8
英国（一九二五年）	11.6
美国（一九二五年）	11.8
瑞典（一九二六年）	11.8
澳国（一九二六年）	14.7
法国（一九二五年）	18.1
日本（一九二五年）	20.3
中国（一九二五年）	30.3

不但如此，就以婴儿的死亡率来讲。纽西兰千人中仅有四十人，中国千人中要占二百四十二人。妇女的死亡率，丹麦千人中只有二人，中国千人中要占百七十六人。这又是一个惊人的比较。

农村风习

在这农民知识程度低落和时疫流行的现代农村，所有风习，总是带着浓厚的迷信色彩，兹略述如下：

（1）烧香——烧香的习气，最通行于中国古老鄙塞简陋的农村。不论求医与叩福，都要烧香的。严格说起来，他们一切的生活，日常的行动，都要烧烧香，来求菩萨保佑。一逢香节，村中男男女女，老老小小，相率赴各处拜佛。近则在本村，远则去邻县、邻省、拜佛修行。

（2）迎神赛会——每个农村中，每年至少有一二次举行的，结队成行，游行田野间。为首锣鼓喧天，旗幡飞扬，中间杂有各种杂耍，并扮各种"提戏"。最后奉戴一座神佛，周游遍各村。这样可以求神来"保境安民"。此种愚笨举动，所费少则百金，多则几千金，殊属无聊。

（3）闹龙灯——有许多的农村，到了阴历的新年，或者疫瘟时行的时候，就有闹龙灯的举行。一则贺年，一则驱瘟。徒耗金钱与时间。有时铺张扬厉，耗费几千金至几万金，尤当严格禁止。

（4）竞渡——竞渡本是纪念古贤的举动，每届端节（五月五日），驾驶龙舟靡，互相竞赛，龙舟装置，富丽堂皇，旗幡飘扬，华丽辉煌。此项靡费，已属不资。况举行时常有酿成械斗的惨剧，以致伤人丧命。

（5）季节风习——农家每逢四季佳节，辄有各种特殊举动，如正月的贺年，清明的扫墓，端节的吃粽，六月的尝新，七月的吃巧，中秋的赏月，重九的登高等，都饱含迷信的风味。

（6）福会——农村的老农，当家人时常邀集许多同志，组织各种福会。比方关圣帝福会，神农福会，三官福会等。这种集会，一方敬祀先圣先贤，一方面可饱各人的食欲。

（7）庚申会——这是农村里的老太太组织的，每逢庚申日聚会庙中，终夜诵经拜佛，谓之守庚申。他们最大目的，在菩萨面前，各求各人的幸福。

（8）拳术——有些农村的青年，为了消闲起见，特在农闲时，公请拳师，练习拳术。这种风味，颇有价值。

（9）坐茶馆——农村的集会中心，就是几爿简陋肮脏的茶馆。卖买的接洽，争端的和解，消息的流通等等，都集中这小茶馆里的。

（10）赌博——赌博也可以说是农民的一种娱乐，他们往往在农闲或迎神赛会时肆行赌博，因此破家荡产，不计其数。

（11）田歌——农民们在耕耘或休息时，时常喜欢唱唱田歌。这种田歌，是农村社会中历代遗传下来的，颇有文艺的价值。他们利用这种田歌，很足以安慰自己的劳动，舒畅自己的精神。

（12）说书——这是唯一高尚的农民消遣方法，泡一壶茶，去听听书。有的说三国志，有的说水浒，颇有通俗教育的意味。

……

问题（汇总）

（1）国家的基础何在？

（2）资本主义与中国农村有何关系？

（3）农村土地分配的现状如何？

（4）略述农村的生产与技能。

（5）何谓变态的封建社会？

（6）你所希望的农村的领袖是谁？

（7）农村教育为何不发达？

（8）略述农村的风习。

（9）怎样养成农民的卫生习惯？

（10）怎样调济农村的经济？

参考书目

田赋附税与农村经济——东方杂志第三十卷第二十二号

我国农村现状与改进之方针——农林新报第一九九期第二○二期

从经济原则论我国生产教育的总方向——东方杂志第三十卷第十六号

中国农民问题与农民运动——上海平凡书局

耕地扩张的讨论——农业周报第三十二期

中国农业之国民生计观二十六、三十六、四十一三节

中国农村经济的破产——东方杂志第二九卷第七号

农村社会的种类——农业周报第三七期

变态的封建社会与中国的社会思想——村治月刊第一卷第一一期

农村社会学第十一章第二节——商务印书馆

乡村社会领袖——农业周报第三三期

乡村教育之困难及其救济之方法——村治月刊第一卷第八期

中国新农村之建设第七章——商务印书馆

健康教育中的保和养问题——民众周报第一七六期

申报年鉴外国贸易栏——申报馆

申报年鉴农业栏——申报馆

第二章　农村崩溃的检讨

第一节　绪论

最严重的问题

现在摆在我们目前最严重的问题，就是农村崩溃。在国际资本帝国主义，和国内买办阶级，封建劳力，高利贷者，互相施行高压度的榨取政策，凋敝的农村，以致加速度的崩溃。此外如军阀的混战，灾荒的流行，更使凋敝的农村组织，日形散漫，生活时受不安。这是中华民族渐趋灭亡的征兆。

"足食足兵"，是中国古来的名训。但是中国目前的现状，与这句古训，究竟合不合呢？年来天灾人祸，连绵不断，连国民主要的食料，如米麦之类，也不得不仰给外来的输入，以补充自己的不足了。向来以农立国的中国，农村日就衰落，不仅资本向外流出的漏卮，年年增大，国民经济，将告破产。而且全国失业的人，天天加多，于政治和社会双方面，亦必都要受到极严重的影响。所以对于今日农村的衰落，应该怎样救济，实在是一个不能忽视的重大问题。

农村崩溃的原因

总之，农村的崩溃，其最大的原因，约有下列数端。

（一）在前章里显示着农村自身的崩溃，如经济的竭蹶，土地分配的不均，生产技能的落后，组织的疏散，教育的幼稚等，老古说："木朽蛀生"，所以农村自身的崩溃，是造成农村破产的最大原因。

（二）自海禁开通以后，资本帝国主义侵入中国，收买中国原料，制成商品，销售国人。这样一转手间，每年要攫取中国五万万两以上的金钱。

（三）产业革命以后，我国手工业不足与机械工业的廉价产品相敌，以致农村的手工业，日趋没落。

（四）商人贩卖物品，专在高利。而农产品的出售，一经商人辗转剥削，利润无几。以致农民劳力所得，不敷消费。负担日重，地位日低。前为自耕农的，浸假为佃农。昔为佃农的，浸假而为雇农，昔为雇农的，强的流为盗贼，弱的死于沟壑。

（五）都市的畸形发展，北部如天津，中部若上海，南方如广州，中部像汉口等吸引农村的壮丁，集中于都市，以致农村缺乏人才。

（六）苛捐杂税，直接剥削农民的脂膏的利器。即以浙江而论，每亩征税，约二元三角。山东的莱阳县，每亩征至七元四角。四川省每亩每年征粮二三次，已有预征至民国八十年的。

（七）高利借贷，影响农民生计，更为剧烈。农民春间下种、施肥缺乏资本，往往向地主用高利借钱、借种、借农具。

（八）我国近年以来，内政不修，外患日亟，内乱相寻，天灾人祸，相继流行。南北各地，如水灾、旱灾、病害、虫害及盗匪遍播全国。

第二节　帝国主义的侵入与农村经济的崩溃

洋货深入

自产业革命以后，帝国主义国家的内部，因为大规模生产制度底下商品生产膨胀的结果，不得不向外另辟市场。所以它的商品，就源源不绝地输入中国，以图消纳。现在已经是普遍的侵入于穷乡僻壤了。农民所消费的东西，除了农产物和一部分粗糙的家具之外，其他服用物品，大都是帝国主义所供给的。二十年前在农村中穿洋布、点洋灯、用洋瓷面盆和毛手巾的，只有上等人家，中等人家，多不用洋货，只是穿土布、点油盏、用木面盆和粗面布巾，顶多不过用点洋火柴。但到战前，已经是很不相同，中等的人家，用这类洋货的，是很平常的事。就是佃农和雇农，也要穿洋布衣裳，用帝国主义的商品。旧式工业破产的结果，农民只能用农产物去换用，拿生活必须品去交易那些外国货。而那些外国商品，经过洋货商人、买办阶级的贩运，运到穷乡僻壤的附近市场时，价目已经高到极度。农民拿农产物到市场去售，又只能得到市价以下的价格，再拿这样得来的金钱，去购用帝国主义的商品，一出一进，农民受帝国主义的掠夺更大，结果不得不破产，不得不转徙流亡。

最近经济的恐慌，震撼了整个的世界（社会主义的苏联除外）。以富庶甲全球的美利坚，也要闹着不景气。整千累万的失业工人，使社会杌陧不安。

攫取市场

资本主义的各帝国主义，同为生产过剩与资本过剩形成世界的经济恐慌。他们企图挽救危机，安定恐慌唯一方法，就是占取中国市场。

经济恐慌

经济恐慌是资本、劳力、商品都一律过剩的。资本主义国内资本与劳力的过剩，就影响到华侨在外的资本与劳力。华侨经济的衰落，从华侨汇回本国的款额中，可以证明。在一九二九年时候，华侨汇款，尚有三万万元。到一九三〇年，就减低到二万万五千万元。一九三一年，竟只有一万万八千万元左右了。同时，华侨劳动力之被排挤，也是日增月累。从前中国每年平均计算，有几万人出国谋生。从一九二九年起，不仅是国人出国的数率，一落千丈，而且发生华侨大批回国的潮流。

中国的商品，在国际市场上，也受到同样的排挤。本来中国有许多商品，多半是原料品、农产品或特产品，在国际市场上，是占很重要的地位。它们的生产，在中国经济中，也占很重大的地位。

江浙的茶，山东、广东、浙江、江苏的丝茧，华北南的糖，东北的豆，以及蛋、棉、油等，都是很依靠国际市场的。这些商品的产生，包括很广的范围。农民经济中的养蚕、种桑、种茶、种棉、饲鸡、种甘蔗、种油菜、种豆等，手工业中的缫丝、拣丝、纺丝、绸织、棉纺织、榨糖、榨油、豆饼制造、拣茶、炒茶、制茶等业，资本企业中的棉纺织厂、丝绸厂、榨油厂、炼糖厂、茶厂、蛋厂等，都直接受到打击。至于简单接受影响的，就有供给上述各业以原料燃料生产工具的各业。

这单就中国经济在国际关系上来说，如进而探讨帝国主义侵入中国的事实，更使我们要不寒而栗了。

鸦片输入

（甲）鸦片输入——毒物鸦片，是愚民的最凶恶的工具。这样东西，是英帝国主义赐给我们的。最近虽有许多人举行拒毒运动，但可怜这种脆弱的拒毒运动终为铁一般的事实所粉碎啊！

一八三九年，林则徐在广东焚毁价值五六百万两的鸦片，英国以军事行动，报复这次的行动，就引起了鸦片的战争。结果中国战败，缔结了南京和约，迫而允许文明的英国，可以把鸦片输入中国。一八五〇年，鸦片的输入，达到了五〇、〇〇〇箱。而一八六〇年，为八五、〇〇〇箱，一八七九年，达到了最高点。当时输入了八二、九二七担的鸦片。此输入的鸦片的价值，占了中国总输入中四六％。此外尚有二〇、〇〇〇担是秘密运来的。这个贫瘠的国家，在那年中为了鸦片的输入，耗费了四千五百万两。

鸦片的需要，引起了自己的栽种鸦片。一八七八年以后，鸦片输入，渐渐减少。在一九二一年，输入全部，只是三三二担。这是因为中国自己也栽种了鸦片，鸦片的价格，也逐渐低落了。这是证明吸鸦片的人，达到最贫苦的下层阶级的人民中去了。有许多省份，在军阀们的支配之下，一方面鼓动鸦片的秘密运输，另一方面则怂农民去栽种罂花。一九二四年至一九二五年，有好多地方，因农民不耕种罂花，都被枪杀了。

　　在许多地方，有许多的将军们，异想天开，征收所谓懒惰税。凡是不耕种罂花的农民，皆认为懒惰的人，应该纳像栽种罂花的农民一般去纳租税。所以现在的中国，可以说没有一块不种鸦片的省份了。北伐完成以前的广东政府，几乎一年的收入，还靠在鸦片税上面。以及共产党支配下的武汉政府的大半收入，也是由于鸦片税的。在汉口的鸦片贸易，每月给予当时当权的将军们，在二百万元以上，或是一百万元以上的。在广州在三百万元以上。

　　在这种勒种鸦片情形之下，好好的农田，不种五谷，种鸦片，以致食粮腾贵，农民饱于鸦片而饿死于食粮的，处处皆是。

　　帝国主义用鸦片来束缚中国，使农村自行崩贵，恐怕比用大炮还要利害万分。

供给借款

　　（乙）供给借款——中国政府，向外借债，起于清末。当初借款充军费，犹有适当的整理政策。迨甲午战后，高筑债台。列强因欲从事瓜分中国，乃用极毒辣的手段，极严酷的条件，强迫中国允许赔款。直至庚子之役时，对日本的赔款，为二亿三千万两，对八国的赔款，为四亿五千万两（连利息计算约达十亿元）。清朝的财政，因此陷于危境，丧失了关税自主。袁世凯段祺瑞等北洋军阀，相继柄政，乃利用借款，购械储饷，以为倡乱的工具。迄一九二八年下期，有担保的外债，已达二〇、八〇〇、〇〇〇、〇〇〇元以上（无抵押的外债尚不在其内）。

　　这些外债的抵押品，就是海关税、常关税、外税、烟酒税、电报、电话、无线电和北京城门税，此外无适当抵押的外债，还有四五〇、〇〇〇、〇〇〇元。如此，中国的外债，至少有三、二五〇、〇〇〇、〇〇〇元。这许多的债务，结果不能不转嫁于民众去负担，而使得中国社会组织的根底，大受影响。农村的崩溃，日益深刻。

设立银行

　　（丙）设立银行——国际资本主义，侵略中国的原动力，当然要依据银行。在中国的外国银行，同时又是中国的债权者，有左右中国财政的势力。渐成为支配全国财政的主人翁。这些银行，由英人于一八四五年在中国开始设立，中日战争以后，日德俄法美荷遂相继设立，直到现在中国的主要外国银行已有二十个，中外合办的五个，兹列举如下表：（见村治月刊一卷五期）

银行名	国籍	本店	支店所在地	资本总额	在中国发行的纸币额
汇丰银行	英	香港	北平上海天津广州汉口外四处	20、000、000 元	41、833、655 元
麦加利银行	英	伦敦	北平天津上海广州汉口香港	3、000、000 镑	2063、418 镑
有利银行	英	伦敦	上海香港	同上	290、626 镑
花旗银行	美	纽约	北平天津上海广州香港汉口外二处	50、000、000 美金	4、536、628 美金
美丰银行	美	上海		425、370 美金	984、000 美金
正金银行	日	横滨	北平天津上海香港汉口外七处	100、000、000 元	5、832、576 元
台湾银行	日	台北	上海广东福州九江厦门汕头	60、00、00 元	停止
住友银行	日	大阪	上海汉口	70、00、00 元	无
三菱银行	日	东京	上海	50、00、00 元	无
三井银行	日	东京	同上	100、00、00 元	无
朝鲜银行	日	京城	上海天津大连外二处	80、00、00 元	无
中法实业管理公司	法	巴黎	北平天津上海香港汉口	10、0、00 法郎	无
东方汇理银行	法	巴黎	北平天津上海香港广州	72、0、00 法郎	不明

银行名	国籍	本店	支店所在地	资本总额	在中国发行的纸币额
华比银行	比	不律塞	北平天津上海汉口	100、00、00 法郎	1、679、019 法郎
荷兰银行	荷	安多华市	上海香港	60、00、00 库达尔	无
大通银行	美	纽约	上海	2、00、00 美金	无
菲律宾银行	美	马尼拉	上海	10、00、00 拍索	无
安达银行	荷	阿姆斯特坦		35、00、00 法郎	无
大英银行	英			5、00、00 镑	
华俄道胜银行	俄		北平汉口哈尔滨外十处	55、00、00 卢币	停止
天津银行	英			5、00、00 元	无
哈尔滨银行	日	哈尔滨		2、00、00 元	无
辽阳银行	日	辽阳		500、00 元	无
中日银行	日	铁岭	开原大连	1、00、00 元	无
正隆银行	日	大连	奉天长春外七处	20、00、00 元	无
奉天殖产银行	日	奉天		500、00 元	无

银行名	国籍	本店	支店所在地	资本总额	在中国发行的纸币额
吉林银行	日	吉林		300、00 元	无
辽东银行	日	莫斯科	北平哈尔滨等		无

　　注：正隆银行和华俄道胜银行，名义上虽是中外合办，但实际并无中国资本。又中外合办的银行如下表（见村治月刊一卷五期）。

银行名	合办国籍	本店	支店所在地	资本额	兑换券发行额
慭业银行	中美	北平	天津汉口哈尔滨外三处	5、00、00 美金	不明
华义银行	中意	北平	上海天津	1、200、000 元　4、000、000 里拉	不明
德华银行	中德	柏林	北平上海天津青岛汉口	20、00、00 元	停止
华威银行	中诺	北平	上海	10、00、00 元	5、000 元
汇业银行	中日	北平	上海天津汉口	10、00、00 元	不明
大东银行	中日	北平	天津上海青岛	2、00、00 元	无
北洋保商银行	中日	天津	北平	6、00、00 元	不明

　　注：北洋保商银行名义上虽为中国银行，实际上由中日德三国资本合组而成。汇业银行，新近已由中国人收回。

　　上述外国银行的资本，概计为五亿四千万镑，一千一百万美金，一千三百万法郎，一亿八千万银元，五千万银两，一千万基尔登，一亿四千万日金。大部分是中国被征服时，帝国主义所勒索的赔款，或国内发生乱事，秩序不安定时，国人所存入的资金，都被外人利用了，来做周转的生意，发行巨额钞票，来剥削农民的脂膏。

建筑铁路

（丁）建筑铁路——铁路是帝国主义侵略次殖民地的前锋，垄断市场输出资本的利器。所以帝国主义者，为扩张势力抵制他国计，非取得铁路建筑权不可。革命以前，列强利用其本身的优越势力，及我内部军阀的勾结援引，常以政治或军事的手段，取得铁路建设权，遂成为它侵略的中心。我们全国的铁路，虽说兴筑已有四五十年的时间，可是所造就的铁路，还不到一万公里。而铁路资金的主体，外债占到总数五分之四以上。兹将国有各铁债款，分类统计，摘录于下。

国有各铁路债款分类统计表（截至民国二十年十二月底止单位元）（见申报年鉴〇九页）

路名　　款别	外债	内债	料债	合计
平汉铁路	85、355、687．73	25、513、385.85	30、882、571.67	114、751、645.25
津浦铁路	157、713、859.75	9、676、276.34	2、411、497.40	191、802、632.49
平绥铁路	21、904、387.52	15、135、573.34	48、039、457.31	85、079、418.17
北宁铁路	15、550、139.63		7、525、500.83	23、075、690.46
京沪铁路	44、183、619.87			44、183、619.87
沪杭甬铁路	8、437、500.00	272、800.70		8、710、300.70
胶济铁路	60、750、000.00		928、852.75	61、678、852.75
正太铁路	835、471.45	794、040.86		1、629、512.31
道清铁路	2、211、194.20			11、211、194.20

续表

路名　　款别	外债	内债	料债	合计
陇海铁路	182、494、977.05	1、991、083.84	1、100、605.16	184、688、666.05
汴洛铁路	4、893、875.00			4、893、875.00
湘鄂铁路	203、504、342.50	1、205、838.47	3、643、975.27	108、354、156.24
广九铁路	22、421、742.97	51、112.96	39、938.57	22、512、795.44
广韶铁路	228、216.32	28、919、023.24	329、582.80	29、478、822.34
吉长铁路	16、029、272.89	1、007、686.25		17、036、959.14
四洮铁路	79、326、000.00			79、326、000.00
吉敦铁路	48、950、209.26			48、950、209.26
宁湘铁路	6、012、630.67			6、012、630.67
浦信铁路	4、922、942.50			4、923、942.50
同成铁路	17、716、943.60			17、716、943.60
株钦铁路	7、898、233.46			7、388、233.46
清孟铁路	2、510、134.62			2、510、134.62
包宁铁路	18、240、000.00			18、240、000.00
漳厦铁路		500、000.00	58、476.15	558、476.15
烟淮汽车路		679、265.20		679、265.20
平汉等四路		2、648、579.96		2、648、579.96
收回各商路		36、313、377.98		36、313、377.98

路名　款别	外债	内债	料债	合计
财部负担之路债	83、259、728.95			83、259、728.95
总计	976、850、110.92	124、708、043.93	116、061、507.91	1、217、619、662.76

采集原料

（戊）采集原料——中国是一个富有原料的宝藏，国际资本主义，利用这个次殖民地的原料，加以人工的制造，就可再运到中国，骗取我们的金钱。每年大批的棉花，被资本主义收买出口，大批的棉纱，又被帝国主义装运进来，就可想见这笔买卖上农民所受的损失。为了苟延残喘，维持生存起见，农民不得不将自己辛苦收获的原料品，去换帝国主义的工业精制品。所以只好将许多的耕地，改种原料，以图多多出产原料，如豆、棉花、生烟叶之类，好去贡献帝国主义的国家。

第三节　苛捐杂税高利贷借与农民经济的破产

帝国主义的压迫，促成农村加速率的崩溃。但是这重压迫，对于农民，还是间接的。本节就要谈谈那些封建势力，土豪劣绅，直接剥削农民的情形了。

田赋及捐税的加重

（甲）田赋及捐税的加重——苛捐杂税，影响于农民的生活，农村经济的破产，最为严厉。捐税的名目，日益增多，农民的血汗，被剥殆尽。而执政当局，只知饮鸩止渴，增加政府的收入，不顾人民的疾苦，造成农村高度崩溃而致不可收拾的局面。

中国的田赋，名目繁多，不但全国不能统一，就是一省之中，也不能一致。正税方面，除掉"地丁"为全国大部分地方所有外

（只有辽宁吉林黑龙江新疆四省向未有地丁故有"地粮"而无"地丁"），山东河南江苏安徽浙江江西湖北湖南云南贵州等省，皆本有"漕粮"，屯田要纳"屯租"，官地又有"租课"，杂税和附加税之多，更是骇人听闻。据立法院统计处民国十九年的调查，田赋种类最多的县分——江苏江浦县——有三十种，其中二十六种，都是附加税。

各省田赋，征收的额数，更是高低不同。但就一般而论，中国的田赋，已达高度。江苏地丁民十四年以前规定，每两额征二元零五分，而现在少的如无锡，征收四元四角三分，多的如江浦，竟征至十五元二角一分。湖南在民国三年时，地丁每两只征一元四角四分，十九年度永兴县已征至十三元四角八分。四川刘湘防区以内，钱粮一年征四次，分两季缴纳，每次每两缴五十元。田赋附加，往往超过正税好几倍。河南附税，超过正税额少的一倍，多的几及八部。湖南附税，超过正税普通十倍，多则二十倍三十倍。

再以田赋和地价比，多数地方，已超过百分之一。江苏沛县田赋，竟占地价的百分之十（见立法院统计月报三卷一期八二页）。民十六年以后，苛捐杂税，相继频仍。田赋增加，亦为显著的事实。民十四年前，江苏地丁，每两征洋二元零五分，漕米每石征洋五元。现在各县地丁，每两低的四元，高的八元。漕米每石有征十二元的，增加至少在一半以上。十七年前，四川地丁，每两只一元六角，现在普通每两二十元，几十三倍于前。增加田赋的原因，不外什么"办理地方自治"，"补助教育经费"，"剿匪"等等名目。

田赋增加，固已为患非浅，但是还有预征田赋的事实。地方军阀，只顾搜括民财，不念农民痛苦。四川征收田赋，每年自三四次至八九次。田颂尧的防区内，一年竟征十四年之粮，为古今所罕有。现在四川各县的田赋，一般的已征至三十年以上。

北伐完成以后，理论上当然要实行党的决议案，"取消苛捐杂税，土地额外征收，制止预征钱粮，及取消荒地钱粮。"可是实际上，苛捐杂税，并未除去，各省不特未能实行，反而假借名义，增加税收。如此情形，则解除农民的痛苦，从何说起。

　　高利贷借的压迫

　　（乙）高利贷借的压迫——农民每年的收入，很是低微，而负担的赋税颇重，入不敷出，只好借债度日。譬如每年下种的时候，必须举债作本，俟收获后偿还。可是他们借债的利率很高，最普通的利率是三分钱，高至百分之五十的也常有。这种高利贷借的压迫，真使一般苦恼的农民，永无昭苏的希望。

　　中国的农村，向来没有调剂金融的机关。而一般农民，又无自治能力，于是高利贷借的乘机活动，施其残酷的手段，来榨压农民。兹将农村中通行的高利贷，略述如下。

　　（A）质当——质当为调剂农家金融的重要机关，也就是高利盘剥的急先锋。最厉害的如陕西等省，当铺最高月利竟有达十分以上的。此外土地质押，也为各地所常见。如山西所谓指产借债，就属于这类的质当方法。

　　（B）借贷——各地农村借贷，利率之高，常可惊人的。东三省普通年息约在六分以上。安徽滁县一带农民借银十元，除还本金外，更须还稻或麦一石，作为利息。江浙产丝区域，借银一元，三阅月内须还棉籽一担。此外尚有各种借贷苛法，不胜枚举，兹将各地通用的借贷苛法，列表如下。

各地农村高利贷名称表

借款名称	本利和偿还	通行地方
青苗	借谷一石三个月内归还一石八斗	广东阳江一带
九头鸟	借银九元隔一日须偿十元	江苏昆山嘉定
鸽子地	即将土地押出去地上一切收入作为利息支付	江苏省
百哥洋	本银一元隔日付息金一角如延付一次则利息加倍	江苏省
九出十三归	借银一元实得九角利息三分还时本银须交足一元	广东省东江一带

借款名称	本利和偿还	通行地方
借三还四	借银三元还时利息一元期限由债主定之	江苏省苏州吴江
念个头	借银二十元按月付息一元	江苏省苏州吴江
逋利桥借贷	借银一元每天利息一角五天为期过期不还转利为母	广东省佛山县
孤老钱	每月按照算术级数而倍增利息	湖南桃源县
印子钿	借银一元按日归还铜元十五枚廿枚三十枚	江苏
十元五斗	借钱十元一年内加还息米五斗	江苏省昆山和上海各乡村

（C）借粮——农民为种籽及粮食的需要，常有借粮之法。在陕西每借麦籽一石，还时连本带利，共须一石五斗以至两石。在广东阳江，所谓买青苗者，即借谷一石，三月内清还须一石八斗。山西有所谓举粮食者，即借粮一斗，每年须出利三四斗至五斗不等。山西解县一带借贷麦子一石，加利五斗至八斗之多。又有秋季放粮，至翌年秋季还麦，借一斗即须加利一斗，俗名放伙账。

（D）借农具——小农缺乏农具，也多贷借。如在山西农民，如借耕牛耕地，借骡驴运货，皆按日结算，工资大概在农忙时借耕牛一日，约需大洋三角，农隙时约二角，谓之牛工钱。湖南借牛一日，常需工资五六角。广东借用水牛，所付代价，与人工相若，每日工资，约六七角，农忙时且在一元以上。

高利贷借的名称，不胜枚举。总之，农民生活愈困穷，高利贷愈活跃，使农村崩溃，日形尖锐化。

第四节　机器发达和手工业的没落

机器的被利用

机器的发明，可以促进人类的文明。人类是最善利用工具的动物，只有人类才能利用工具，征服自然。这是现代文明的一个大特色。

近代科学知识的发达，使人类对于自然的各种作用，得到更深刻的了解，与更有效的控制。因此人类征服自然的行程，也益形进展了。

照理科学机器的发达，促进世界的文明，增加人类的幸福。可是事实显露在我们眼前的，截然不同。资本主义者拥护了许多科学发明的机器，冲破了农民家庭工业的基础。农民无家庭工业，则不能生存，农民因而破产了。千百万的农民，都因之而陷入于不能生活的状态，不得不摇尾乞怜于资本主义。整批的投入工厂，做着机器的奴隶。

兹将中国几种重要的手工业，因科学机器的发达而趋于没落的过程，略述于下。

丝业

（甲）丝业——在中国古代，丝是制造统治阶级的服装的材料，因此，统治阶级就竭力提倡养蚕，经过长时期的递传，植桑缫丝等等，就变成了农村中的重要手工业。

国际的需要

最近国际的需要，更给中国丝业一个很大的推动。种桑及养蚕的事业，普遍了全国。同时在帝国主义影响之下，造成了中国的大规模的机器生产制丝及丝织工业，就成了中华民族最重要的一种事业。

机器的应用

可是机器业的发达，虽不能毁灭家庭工业的全部，然而已给了它一个沉重的打击，不久就要撕破了他的全生命。缫丝纺丝都用了机器，根深蒂固的家庭丝织工业，受到了绝大的震撼。在农村中许多旧式的手工厂，添上了许多的新机器，在普通的县里，开设了许多的丝厂，在工业中心地，更有大规模的机器纺丝厂及织丝厂，把整千整万的农民，吸收到城市中，变成了现代的无产阶级。

家庭工业的没落

总之，帝国主义的需要，给中国丝业发展一个很大的推动。但同时却撕破了家庭工业的纺丝业，给大批的农民，一个重大的打劫。

日丝的竞争

但是这新兴的丝织工业，被日本丝业的竞争，输入的额数由第一把交椅，退到第二把交椅了。所有丝业销路，都被日本夺去了。

最近中国丝业，真是每况愈下。中国市场上，因为天然丝与人造丝两种供给的拥挤，不仅使中国出口丝货受打击，而且丝货入口的增加，在国内市场上，实行竞争。

丝业经济的没落

照上海社会局统计二十一年十个月来，上海丝价的指数如下：

月份	指数	月份	指数
一月	69.1	六月	51.4
二月	68.9	七月	50.7
三月	67.3	八月	52.2
四月	64.3	九月	56.4
五月	64.2	十月	53.9

前年各月的指数，没有低过七〇·〇的关节，这一价格低落所代表的，是无数丝业经济的没落。

棉业的发展

（乙）棉业——中国植棉区域，在许多产棉的省份当中，一定是分布在溪河或运河的沿岸，或者分配在铁路的附近一带。黄河长江淮河及汉水等流域,是棉业主要的区域。

上海有大规模的纺织工业,就使南通湖口海门嘉定等处,卷入了棉业生活之中,计有四万万亩以上,是耕种棉花的。

最近十几年来,中国棉业发展的倾向,可以下表示之。

全国历年棉花生产量（华商纱厂联合会调查）

年别	生产量（单位担）
民国八年	10、220、779
民国九年	9、028、390
民国十年	28、750、403
民国十一年	5、429、220
民国十二年	8、310、355
民国十三年	7、144、643
民国十四年	7、808、882
民国十五年	7、534、351
民国十六年	6、243、585
民国十七年	6、722、108
民国十八年	7、749、366
民国十九年	8、809、567
民国二十年	28、399、780

棉业发展的原因

中国棉业发展的原因,便是日本大机器纺织工业的发达。因日本自己没有棉花,定要从中国输入棉花,以供需要。一八九五年,中国输出的棉花,计有一千一百万两。在一八九九至一九一三的时期中,平均有一千四百万两。而其中的大部分输于日本。

世界大战时的"棉花饥荒"及美棉印度棉之高价,遂给了中国棉花输出的新的推动力。一九一四年时中国输出的棉花约有六七五、〇〇〇担。一九一八年有一、二三〇、〇〇〇担,一九一九年有一、一二五、〇〇〇担，战后美国棉及印度棉之输入于日本，重新利害起来。现在中国之输出，已完全视美棉及印度棉之收获为转移。中国输出之低落与提高，是依赖于国际市场的情况而定。

日本纺织工业之发展，虽使中国棉的输出，日益增多。但日本之大机器工业进而和中国农民家庭工业为原料的竞争，也日益加强而尖锐起来。

所以日本纺织工业之发展，一方面使中国棉业发展，他方面却使中国家庭工业的棉花纺织，破裂而消灭。

机器生产的发达

中国纺纱大机器生产的发达，也是破坏农民家庭工业式的纺织业，最大原因之一。

中国纺织工业的发展，是始于一八八〇年。至一八九〇年时当时是创造了第一个中国资本所设立的大蒸汽机的棉花纺织工场。在一八九一年时，上海大商人开了第二个大纱厂，一八九四年又开了两个工厂，有九〇、〇〇〇枚锭子，及七五〇个织机。

纺织工业发展的全盛时代，是在欧战时候。当时工厂可得到很大的利润。那时帝国主义不能把商品输入中国来。那时日本纱厂主要为节省运费及利用中国及日本工资之差异，乃始设厂于上海。一九二六年中国工厂有纺锤二、〇五三、三一六个，日本——一、三四七、九四七个，英国有二〇五、三二〇个。

纺织工业的发展，是需要原料，即是需要棉花的。棉花消费之发展是与纺捶数目之数目的发展相并而行的。

中国纺织工业，棉花之消费，在二十年以内，发展逾四倍。工业之迅速形式的发展，不能不引起农村经济在供给工业以必要原料上之落后迟缓。

就是农村经济的发展，赶不上工业的发展。于是棉花输入中国，遂成为必要了。并且纺织工场之制棉纱，是要货料好的。美国棉及印度棉之输入，遂因而成为必要的了。因为中国的短织维，是不利于制造质料好的棉纱的。

家庭工业的没落

纺织工业，夺取了农民的家庭工业的棉花原料，工厂破坏了农民的手工业。现在上海纺织工厂中有一二○、○○○工人，用机器方法生产。二十五至三十万农民，在家庭纺织车所生产棉纱的数量。所以一二○、○○○农民，变为工人，是表示有千百万的农民，失去了家庭的工作。

第五节　天灾人祸与农村基础的动摇

天灾的流行

中国近年以来，南北各地，水灾、旱灾、病害、虫害、相继流行。盗匪蜂起，闾里为墟。内战频来，骚扰掳掠，农民不得安于业。流离失所，其直接间接所蒙的损失，不可胜数。欲泣吞声，无法抵抗。如此天灾人祸，赓续而来，农村基础，根本为之而动摇。

天灾的种类，则有水、旱、兵、匪、螟蝗、猛兽、野鼠、风霜、冰雹、地震、山崩、疫疠、大火，它的范围，遍及于二十有五省。它的程度，最厉害的，如十七至二十年之西北旱灾，赤地逾于千里，死亡辄以万计。饿殍载道，闾里几空。二十年之十六省大水灾，江淮流域，人畜田庐之淹灭，土地之冲没，使地方之元气，不易恢复。据政务委员会民国十七年至二十年之灾况调查，总核如下：计民国十七年，全国被灾之县，有二百有三，与全国一千九百三十六县较，占百分之十又四。是年全国灾民，有四千零四十六万六千五百九十八人，与全国人口四万七千万较，占百分之八以上。民国十八年，全国被灾之县，骤增至八百四十一县，实占全国县数百分之四十三强。是年灾民为三千八百七十余万。十九年全国被灾之县，为八百三十县，灾民四千六百五十余万人，较前两年又过之。二十年被灾之县，五百十九，是年大水所被，全国精华之区，靡不浸灌，计受灾耕地，占全国耕地面积百分之二十六。又据金陵大学调查，江淮流域五省一百三十一县之损失，已达十九亿三千二百万余元。二十一年报灾之省份，有江西河北吉黑陕晋等。而广州亦有水患，惟调查不详，仅得吉黑农产之损害与山西被灾之概况而已。

兹将最近五年间的两大灾害，略述如下：

西北大旱灾

（A）亘三年的西北大旱灾——民国十七年至十九年的西北各省大旱灾，为中华历史上少见的惨剧。居民以天气亢旱，田苗枯萎，秋冬又无雨雪，宿麦不能下种。农时既失，粮源复断。于是初则树皮草根，掘食殆尽；继则卖男鬻女，以图苟活；终则裂昭死尸，易食生人。这种惨剧，真令人鼻酸而心伤。

兹将被灾各省灾害时期及被灾程度，列表如下：（见申报年鉴六九页）

省别	灾害时期	被灾程度
陕西	十七年至十九年三年	遍全省但十八年夏麦收成二百分之一秋禾百分之六
甘肃	十年至十九年旱已十年	十年间人民死亡逾二百万
四川	十七年至十九年	十七年被灾二十九县十八年同灾民八百万人
河南	十七年至十九年	十七年灾情最重者四十八县次重者五十二县较重者七县 十八年西南各县较重灾民三十万
山东	十七年十八年	四十八县收成自一成至三成
河北	十七十八年	南部三十一县收成仅一成至三成
察哈尔	十七十八十九年	稍轻
绥远	十七十八十九年	稍轻

十七年八省灾民数逾五千万十八年八省灾区二九九县人民5、735、000人

此次大旱灾，人民死亡的数目，损失的程度，无确实的数字可得。惟振务委员会于十九年有"陕西等八省被灾人口数"，对于总人口数的比较表，由此可见被灾人数的众多了。兹将表列于下：

省别	全省总人口数	被灾人口数	百分数
陕西	11、460、596	5、584、526	48.73
河北	27、819、125	1、538、284	5.53
山西	11、693、994	2、103、013	18.00
察哈尔	1、946、436	405、345	2.08
绥远	1、913、490	1、383、819	72.32
湖南	31、181、152	4、557、039	14.61
安徽	21、486、481	745、749	3.47
山东	17、935、758	4、106、031	22.89
总计	12、5437、032	20、423、808	16.28

尚有河南贵州甘肃广东等四省户口未得总数，无从比较。

二十年的大水灾

（B）二十年的大水灾——二十年的大水灾的范围，自江苏北部起，过运河淮河而达镇江，又沿长江繁盛之都市而上，如南京芜湖安庆汉口沙市等凡九百英里。更由沙市而南一百二十英里，包括湖南洞庭湖区域，并由九江向南扩展一百英里，当鄱阳湖区域。此等被灾区域，其面积为三万四千方英里。被灾较轻者至少有八千方英里，被浸良田，亦达五万五千方英里。直接被害人民，估计凡二千三百五十万人。其中衣食不备，无家可归的数百万，因饥溺疾疫而致死的数，也很大。国民政府主计处，关于农村损失之调查如下：

一 受灾耕地面积统计表（单位百万亩）

省别	全省耕地面积	有报告各县受灾耕地面积	百分比
山东	110.7	14.0	13
河南	113.0	23.8	21
江苏	91.7	36.7	40
湖北	61.0	14.6	24
湖南	46.6	11.8	25
安徽	48.8	23.4	48
江西	41.6	9.4	23
浙江	42.2	8.0	19
共计	554.6	141.7	26

二 受灾农户数统计表（单位千户）

省别	全省农户数	有报各县受灾农户数估计	百分比
山东	5、918	772	13
河南	5、062	1、020	20
安徽	2、682	1、397	52
江苏	5、057	2、136	42
湖北	3、960	1、154	29
湖南	3、900	873	22
江西	3、292	683	21
浙江	3、105	544	17
共计	33、036	8、579	26

三　农产数量损失统计表（单位百万斤）

省别	平年稻产额	本年损失额	百分比	平年棉产额	本年损失额	百分比	平年高粱小米产额	本年损失额	百分比
山东	——	——	——	26	4	15	2、148	449	21
安徽	3、813	1、637	43	50	9	18	438	120	27
河南	——	——	——	79	14	18	1、426	559	39
江苏	6、100	1、698	28	22	55	26	575	177	39
湖北	4、538	6、249	36	126	28	30	262	102	39
湖南	5、018	1、894	38	35	9	26	——	——	——
江西	2、792	1、422	51	24	7	29	——	——	——
浙江	2、355	642	37	30	6	20	——	——	——
共计	24、616	8、942	38	581	142	24	4、847	1、407	29

四　农村价值损失统计表（单位百万元）

省别	稻价（按每斤四分计）	棉值（按每斤四角计）	高粱大米（按每斤二分计）	共计
江苏	67．92	22.60	5.31	95.23
湖北	65.96	15.20	3.06	84.22
湖南	75.76	3.60	——	79.38
安徽	65.48	3.60	3.60	72.68
江西	56.88	2.80	——	59.68
浙江	25.68	2.40	——	28.08
河南	——	5.60	16.77	22.27
山东	——	1.60	13.47	15.07
共计	757.68	56.80	42.21	456.61

人祸的蜂起

中国人祸的种类，大概可分为外患与内乱。外患如中俄之役，九一八的国难，上海事件的发生等。内乱如军阀的混战，土匪的扰乱等。这互相交迫的外患与内乱，可使农村的基础，高度的崩溃。

唯此种损失的统计，不易找到全部精密的统计，这里只以沪战的损失为例，列表如下：

沪战损失统计表（根据上海市社会局与市商会会计师公会之联合调查）

（一）被害区域面积	一八五方公里
（二）受损失者在十万户以上登记户数	二六、二五一户
（三）人事损害	
（甲）死亡	一、七三九人
（乙）受伤害者	七一九人
（丙）失踪者	九八五人
（丁）其他	二三、〇九九人
（四）直接损失	一六四、〇八九、七六三·九〇元
（五）间接损失	三〇、五一六、六五八·九一元

问题（汇总）

（1）我国目前最严重的问题是什么？

（2）略述农村崩溃的原因。

（3）鸦片与中国国民生计关系如何？

（4）外国银行的经济侵略如何？

（5）高利贷借的种类有几？

（6）述中国手工业没落的情形。

（7）天灾流行的原因何在？

（8）如何扑灭匪祸？

（9）怎样抵抗外患？

（10）述资本主义崩溃的尖锐化。

本章参考书目

中国农村经济问题——苏声月刊第一卷第二号

中国农村问题谈话会——申报月刊第一卷第四号

中国粮食问题的危机及其主因——村治月刊第一卷第五期

世界经济恐慌下之中国经济——申报月刊第一卷第五期

帝国主义给予中国之赠品——中国的农业经济研究

申报年鉴灾害栏——申报馆

中国农村经济的破产——东方杂志第二七卷第七号

中国丝茶业的近况——东方杂志第三〇卷第一号

第三章　农村经济的调查分析及其一般情势

第一节　农村经济的调查

农村经济的调查和分析

在第一章里头，关系农村经济，约略的提到过。不过经济是一切社会组织的基础，所以在讨论怎样复兴农村的方法之前，先要拿农村经济加以调查和分析。

但是，中国农村经济的统计，对于各种材料，都缺少正确性。如耕田的面积，收获量的多少，农村工具的价值，雇佣劳动的支出，在各种研究中国农村经济的书籍中间，都各各不同的。

因此，我们研究农村经济的，不得不取材于实业部的调查统计了。不过，我们要知道实业部的调查统计，是按照耕地的面积，以区分农作的大小。这种统计的方法，很难证明农村真实的经济状况。因为耕地面积虽小，有的因力作的结果，有的因以气候的关系，每超过较大耕地的收获量。

所以研究农村经济，最正确的佐证，要看纯收获量的多少。假使只是耕地面积的数量，他还不能够告诉我们生产的数量，生产的范围。

总之，研究农村经济，最低限度，要包括下列那些材料。

（1）耕地的统计，用以证明农作范围的大小。

（2）农村不变资本的统计，如农具的价值等，用以表明生产的力量。

（3）农村可变资本的统计，如雇佣劳动的支出。

（4）生产品价值的统计，是生产范围，唯一可靠的标准。

实业部的调查

兹将实业部发表我国地主、自耕农、半自耕农及佃农的每年收支情形，调查统计如下：

一　全国各地主每年收入表（元）

省市名	甲等户（百亩以上）			乙等户（五十亩以上）		
	收入	田地费用	其他费用	收入	田地费用	其他费用
江苏	865	144	521	484	74	346
浙江	819	140	468	464	80	314
安徽	626	105	381	369	60	290
江西	495	82	279	285	44	198
福建	281	232	549	749	142	455
湖北	861	77	519	506	50	400
湖南	805	138	461	409	74	288
四川	1065	246	493	573	139	335
云南	248	228	498	720	102	386
贵州	652	110	310	399	66	226
广东	1、219	198	590	723	113	451
河南	624	128	336	338	63	221
河北	536	102	308	315	60	214
山东	609	156	295	346	88	213
山西	357	81	196	220	48	137
辽宁	611	97	279	349	52	191
吉林	421	68	357	260	39	189
黑龙江	316	52	180	192	29	130
新疆	349	79	186	210	40	132
热河	201	57	102	131	36	89
察哈尔	354	55	239	202	30	172

省市名	甲等户（百亩以上）			乙等户（五十亩以上）		
	收入	田地费用	其他费用	收入	田地费用	其他费用
绥远	237	71	179	138	39	131
南京市						
上海市	1001	215	726	799	160	662
北平市	473	115	282	320	76	207
天津市	713		325			
汉口市	380	144	252	247	28	135
青岛市	1、600	180	1200			

省市名	丙等户（不足五十亩）		
	收入	田地费用	其他费用
江苏	295	35	240
浙江	270	41	240
安徽	224	36	232
江西	164	26	158
福建	477	88	364
湖北	273	35	314
湖南	222	41	210
四川	304	98	232
云南	373	65	231
贵州	193	34	158
广东	414	62	344
河南	177	33	159
河北	201	33	166
山东	202	49	154
山西	136	30	100
辽宁	237	34	151

省市名	丙等户（不足五十亩）		
	收入	田地费用	其他费用
吉林	165	24	140
黑龙江	125	17	101
新疆	131	24	120
热河	87	24	74
察哈尔	131	15	138
绥远	92	21	112
南京市	460	39	400
上海市	329	88	425
北平市	159	44	124
天津市	157		103
汉口市	115	12	79
青岛市			

二　全国各省自耕农每年收入表（元）

省市名	甲等户（百亩以上）			乙等户（五十亩以上）			丙等户（不足五十亩）		
	收入	田地费用	其他费用	收入	田地费用	其他费用	收入	田地费用	其他费用
江苏	1、062	388	480	864	308	396	414	113	253
浙江	1、209	439	426	815	263	332	483	137	230
安徽	1、111	314	424	735	190	379	405	93	272
江西	814	189	338	736	164	236	300	65	174
福建	1、897	749	387	484	333	526	762	229	395
湖北	1、576	358	555	1、148	225	415	550	120	312
湖南	1、179	379	403	691	218	280	358	106	202
四川	1、525	523	506	849	273	334	419	163	223

省市名	甲等户（百亩以上）			乙等户（五十亩以上）			丙等户（不足五十亩）		
	收入	田地费用	其他费用	收入	田地费用	其他费用	收入	田地费用	其他费用
云南	1、397	469	394	807	249	306	435	125	217
贵州	839	275	271	527	171	197	281	83	136
广东	1、708	435	677	981	251	414	564	113	329
河南	878	235	398	499	129	167	235	60	185
河北	849	314	339	501	172	242	301	97	179
山东	995	413	352	567	226	243	308	227	108
山西	569	176	233	332	94	162	207	54	118
辽宁	886	332	270	550	247	131	365	166	90
吉林	799	231	322	475	132	231	297	81	173
黑龙江	747	204	286	422	113	195	275	70	129
新疆	675	211	235	407	128	167	243	70	122
热河	397	143	150	244	81	112	164	47	89
察哈尔	607	204	230	327	99	164	189	55	140
绥远	415	143	185	233	72	234	137	41	107
南京市							380	56	325
上海市							416	138	563
北平市	723	311	290	494	222	224	278	105	142
天津市							357	95	210
汉口市	1、253	257	530	875	237	325	694	114	232
青岛市	2、000	800	900	600	280	200	124	13	104

三　全国各省半自耕农每年收入表（元）

省市名	甲等户（百亩以上）				乙等户（五十亩以上）				丙等户（不足五十亩）			
	收入	田地费用	其他费用	缴租额	收入	田地费用	其他费用	缴租额	收入	田地费用	其他费用	缴租额
江苏	999	296	400	193	726	210	306	142	417	101	228	70
浙江	148	374	342	243	283	223	289	151	428	107	210	90
安徽	1、029	266	366	265	653	147	297	165	365	71	220	104
江西	775	141	300	194	453	78	220	98	281	49	157	58
福建	1、799	439	287	700	1、103	269	447	149	640	166	326	138
湖北	1、507	290	403	340	940	177	406	228	550	101	317	127
湖南	1、090	285	318	302	662	179	249	171	329	84	177	87
四川	1、300	398	396	317	794	232	271	188	450	128	189	101
云南	1、097	325	302	255	733	204	252	156	416	119	190	93
贵州	763	183	270	223	456	113	178	127	269	60	134	70
广东	1、649	339	585	294	1、052	224	426	195	589	113	311	109
河南	816	185	301	208	463	101	206	122	265	51	158	63
河北	834	266	186	169	482	143	200	98	289	77	151	58
山东	893	286	275	193	536	116	202	112	311	89	149	66
山西	497	127	187	118	299	68	134	68	183	41	98	43
辽宁	815	218	224	214	487	113	163	126	321	73	133	80
吉林	746	191	283	139	454	111	208	82	280	66	156	48
黑龙江	641	134	260	101	347	72	165	54	237	47	114	34
新疆	602	169	186	131	357	96	136	73	220	55	105	44
热河	312	95	103	87	192	54	84	55	131	37	75	34
察哈尔	650	181	214	110	327	82	163	54	192	46	126	30
绥远	344	105	171	75	203	57	134	39	127	31	112	25
南京市									415	83	320	48
上海市									236	83	387	20

续表

省市名	甲等户（百亩以上）				乙等户（五十亩以上）				丙等户（不足五十亩）			
	收入	田地费用	其他费用	缴租额	收入	田地费用	其他费用	缴租额	收入	田地费用	其他费用	缴租额
北平市	535	137	160	177	401	97	163	107	234	61	128	60
天津市	440	40	360	31	552	117	252	45	332	75	212	14
汉口市	1、133	345	597	61	561	149	281	76	472	118	254	24
青岛市									135	15	114	19

四 全国各省佃农每年收入表（元）

省市名	甲等户（百亩以上）				乙等户（五十亩以上）				丙等户（不足五十亩）			
	收入	田地费用	其他费用	缴纳额	收入	田地费用	其他费用	缴纳额	收入	田地费用	其他费用	缴纳额
江苏	1、062	249	342	399	776	186	282	278	407	87	207	127
浙江	1、115	329	269	419	693	160	223	246	420	100	169	142
安徽	1、024	234	347	424	711	158	195	287	370	79	207	180
江西	775	138	237	310	436	73	179	168	276	42	145	100
福建	1、934	566	293	890	1052	296	276	417	600	171	352	200
湖北	1、576	264	440	477	1055	161	407	384	556	85	325	216
湖南	1、101	255	271	444	611	135	210	267	316	72	167	119
四川	1、591	419	401	651	906	247	262	373	504	123	178	210
云南	1、158	292	303	272	749	181	259	236	420	106	191	124
贵州	735	181	184	359	474	140	134	202	239	66	105	90
广东	1、782	368	561	632	945	174	333	352	583	100	304	221
河南	751	138	253	326	451	80	176	193	243	42	142	103
河北	844	215	239	329	470	111	167	178	289	63	130	100
山东	871	219	134	397	507	125	166	218	292	66	124	116
山西	489	110	159	187	300	61	117	109	183	35	90	63
辽宁	844	185	221	311	487	100	160	180	332	62	130	118

续表

省市名	甲等户（百亩以上）				乙等户（五十亩以上）				丙等户（不足五十亩）			
	收入	田地费用	其他费用	缴纳额	收入	田地费用	其他费用	缴纳额	收入	田地费用	其他费用	缴纳额
吉林	792	201	282	210	453	109	195	119	274	70	45	69
黑龙江	644	148	217	176	363	82	141	97	234	49	112	67
新疆	547	167	159	180	365	106	146	121	247	66	117	64
热河	355	106	91	135	236	62	76	91	150	39	61	59
察哈尔	587	144	171	203	312	63	133	106	126	36	115	52
绥远	347	103	158	94	199	57	127	49	30	30	100	26
南京市									575	175	270	200
上海市									148	35	231	26
北平市	630	155	177	222	430	92	149	145	216	44	107	63
天津市	450	40	300	171	877	154	232	86	292	59	177	22
汉口市	1、055	197	384	147	291	215	569	123	384	91	178	47
青岛市												

华洋义赈会的调查

另据一九二二年华洋义赈会的调查，关系我国农家经济状况，比较准确一些：

一　各地农家耕地多寡与周年收入额表

耕地面积	鄞县	江苏诸省	宿县	河北诸省
无田地	63	28	111	18
3 亩以下	96	40	60	14
3～5 亩	110	81	73	24
6～10 亩	151	151	90	38
11～25 亩	219	241	131	71
26～50 亩	383	839	120	183
50 亩以上	924	1535	800	831

二 各地农家周年收入数额表

收入	鄞县	江苏各县	宿县	河北各县	平均
50 元以下	19.4	16.5	16.9	62.2	28.8
50—70 元	12.3	11.8	11.4	7.7	10.8
70—90 元	12.0	10.4	11.8	5.1	9.8
90—110 元	5.8	9.7	7.9	9.8	6.6
110—130 元	6.0	6.6	5.7	2.0	5.1
130—150 元	8.8	7.4	8.7	2.6	6.8
150—200 元	9.9	11.8	9.5	3.5	8.7
200—300 元	8.8	12.0	9.0	4.6	8.6
300—500 元	9.9	7.9	9.9	4.3	8.0
500—1、000 元	4.9	4.8	6.5	3.0	4.8
1、000—2、000 元	1.9	0.8	1.1	1.3	1.3
2、000—5、000 元	0.3	0.2	1.6	0.7	0.7
5、000 元以上	——	0.2	0.4	0.2	0.2
合计	100.0	100.0	100.0	100.0	100.0

平均言之，吾国农民，一般收入，每年不足一百五十元。今如以一百五十元为贫苦界线，反观农民每年必须支出，又为若干。

三 各地农家每年各种生活用品总价值表（元）

地点	食物	房租	衣服	燃料	医药	生活改进	个人嗜好	器具设备	杂项	总计	每一成年男子单位之平均用值
安徽怀远	107.17	6.70	16.41	19.27	3.77	16.09	6.43	2.63	6.69	185.16	4.27
宿县	152.48	4.35	21.86	22.93	3.03	28.27	10.47	2.13	12.92	259.16	45.64
河北平乡	58.83	9.24	4.03	11.63	0.05	2.88	0.86	1.10	——	88.62	24.82
盐山	62.20	9.24	6.68	24.52	10.40	10.34	3.40	——	0.35	117.13	27.66

地点	食物	房租	衣服	燃料	医药	生活改进	个人嗜好	器具设备	杂项	总计	每一成年男子单位之平均用值
盐山	88.02	8.59	7.23	26.63	0.72	9.21	6.79	2.49	5.52	155.0	37.95
河南新郑	194.31	8.40	6.07	28.42	1.20	11.65	3.39	1.16	4.05	258.65	46.69
开封	268.16	11.99	24.66	90.44	1.80	8.32	6.06	4.62	3.32	341.67	58.67
山西武乡	57.64	6.59	11.09	18.35	0.97	15.54	5.16	——	——	115.34	31.01
北部平均	123.73	8.26	12.22	21.02	1.40	12.79	5.33	1.77	4.10	190.63	21.34
安徽来安	108.58	13.56	18.36	43.72	1.23	24.92	12.00	0.69	——	223.06	47.56
福建连江	178.27	17.57	43.07	27.64	5.58	28.58	35.98	——	——	336.69	84.38
江苏江宁	179.56	24.80	37.20	26.81	——	54.59	15.94	——	——	338.80	72.09
江宁	123.55	5.85	21.88	37.34	2.50	34.55	15.74	4.48	5.44	251.33	51.50
武进	191.99	19.23	6.78	25.43	3.52	22.96	11.19	1.89	10.27	293.26	74.43
中东部平均	156.59	16.20	25.44	32.19	2.57	33.12	18.17	1.41	3.14	289.63	65.99
总平均	136.29	11.32	17.31	25.32	1.85	20.61	10.26	1.63	3.73	228.32	94.59

可见除一二处外，各地农家费用，均超出一五〇元之费。换言之，大部农民，均感入不敷出。

至于雇农经济地位，更为恶劣。兹更将各地雇农工资统计，列表如下：

四　各地雇农工资表（元）

地方	日工		月工		年工	
	男	女	男	女	男	女
清华园左近七村	0.12		4.57		25.20	8.25

地方	日工	月工	年工
	男女	男女	男女
河北昌黎	0.65		60.00
滦县	0.35		54.00
秦皇岛			83.30
高阳县	0.67		30.00
邯郸县	0.38		25.00
邢台县	0.18		
唐县	0.14		11.50
包头和丰县	0.40		40.00
山东德县	0.21		45.00
沾化县	0.12		9.00
浙江义乌县			25.00
鄞县	0.26		45.00
安徽当涂	0.40	10.00	36.00
南陵	0.35	5.00	
上海	0.36 0.24		
南京	0.27 0.15		
厦门	0.38 0.18		
北平	0.28 0.17		
太原	0.20 0.14		
江苏吴江	0.18	3.00	30.00
溧水	0.21 0.16	4.22 1.00	33.27 10.00
江浦	0.21 0.18	4.69 3.40	28.38 10.00
六合	0.38 0.35	6.30 4.60	58.78 40.00

从上面各表看来，各地大部分农民，均感入不敷出，资本缺乏之苦，如昆山佃农，有百分之六六·四是负债度日的，四川安徽等地，负债农户，均在百分之五十以上。这是铁一般的证明农村经济

的危机，是不断的尖锐化了。

第二节　农村经济组织的深究

资本主义的势力在农村

研究现在中国问题，完全离不了帝国主义的。因为现在世界的经济与政治是造成一个整个的东西。中国是世界政治中的一部分，也是世界经济中的一部分。现在我们研究中国的农村经济的危机，决不能跳出这个范围。自资本主义侵入中国一直到现在，这几十年的时期，帝国主义在中国的经济势力，完全健壮起来。不仅在通都大邑，有他的势力，就是农村中，也深深地潜入了资本主义的势力。

因为外国资本主义的势力，侵入农村，于是农村经济，便一天一天的贫困下去了。这就是中国农村经济组织发生危机的主要动力。

农村经济组织的特殊性和土地的流动性

农业的惟一主要的生产手段，便是土地。所以研究农村经济的情形，就应研究土地与农民的关系。我国土地与农民的关系，从历史的事实考据起来，可得一结论：即土地是流动化的。现在我们即研究形成此种特殊情形的原因，总括的说其原因，有下列各点：

（1）从中国的历史看起来，每若干年代，必有一次大混乱，成为循环式的混乱的结果必使土地易其主人。因为每逢一次混乱，必有许多人民死亡或迁徙，其所遗留下来的土地，变为荒土。待混乱静止后，人民逐渐复从事农业，无主之土地，又有新主了。

（2）中国实行均田政策，井田制度。平均土地实合于经济的平等主义，自不会有贫富悬殊的现象出现。就是秦商鞅废井田，开阡陌以后，土地之占有者，虽有不均，但历代均行限田的政策，譬如晋武帝实行的限民名田制，唐代实行的均田制，元代实行的限田法，无一不对于土地的兼并，竭力防止，而使土地分散于农民手中。

（3）中国的家庭制度，全然是社会的一个经济单位。在家庭中一切财产，皆为公有。但因人口过多时，势不能不分居，分居所取的经济原则，属于界性的平均分配主义。所以每一大家庭，虽拥有极多的土地，而分而又分，便成了很少的土地了。

（4）中国人的贫富，极不固定。财富的获得，纯然由于人力的经营。纵有大批土地，而经营不力，不难数年间即为贫人。反之，贫家也可以因力作而得抬头。因此，贫富之流动性，便形成土地之流动性。

（5）中国之流动资本，大半用于购买土地。因此，从商业而获得之剩余资本，大半投入于土地。

经济的单独性

农村经济，天然是单独的。而中国农村，尤其是显而易见。我国农村经济，大部分是自足的，经济的活动亦在小的范围内。亲戚友朋，皆限于左右邻近，极端不欲和远处之人，发生亲戚关系。所以大部分农民，终身还不到城中一次。至农村与农村间，有必需的产物上的交换，则有一定期的"集"，届时他们皆到这个目的地，实行交易，所以中国人只有家庭观念，地方观念，对于国家观念，非常缺乏。所以他们的希望，只在丰年。他们最怕的是荒年。中国的商业，固然发展得很早，但是基于农村生产物的商业，譬如牛羊及毛茶丝等等的贩卖，而非如欧洲基于工业生产物的商业。因此，对于各个的农村，并未因商业之早期发起，而引起连络此种各个的农村经济组织。一直到帝国主义侵略之前，犹未改变。

第三节　经济恐慌愈趋严重的几种事实

外货的倾销和原料的停滞

中国经济无疑地是殖民地的经济，消纳帝国主义国家的剩余商品，并供给其工业所需之原料，因为这种情形，所以在世界经济恐慌的时候，我国经济，所受的打击，就特别的严重。探求其原因，大概有下列两种：

第一，有计划有组织地在我国市场上，进行倾销政策。

第二，因其本国各工业部门，迷漫着不景气而缩购原料，或首先采用本国及其属地原料。

在过去这一年间，我国经济的生活中，此种现象，特别表演的明白。入口激增，出口激减，就是显例。在市场上各方面都感到外货倾销之苦。比如洋粉洋瓷洋火等之倾销，使我国这些微弱的民族工业部门，都渐次破产衰落。洋米之倾销，使米价惨跌至无可再跌的地步。所以我国经济的恐慌与资本主义的经济恐慌的范畴之内容不同。后者是资本主义生产方法的内在矛盾，即一方面生产力无限扩大与他方面人民穷困化而购买力降低。以致在若干期间，（通常是八——十年一循环）生产过剩，须经过恐慌道路来解决。恐慌一过，景气又来。而我国经济恐慌，并不是本身生产过剩所致，而是帝国主义的侵略和世界经济恐慌所促成的。

国难的临头

自东北事变和一二八事件发生以后，国民经济，益受影响。东北的工地肥沃，物产丰饶，资本主义的经济，颇形发展。在我国国民经济体系中，颇占一重要地位。比如单以对外贸易言，东三省为全国唯一的巨额出超的区域。自民国元年至民国二十年，对外贸易的发展，（以大连安东哈尔滨三埠为代表）有如下表：（见东方杂志三十卷四号）

	进口（海关两）	占全国入口总值之百分比	出口（海关两）	占全国出口总值之百分比
民国元年	51、045、000	10.57	48、347、000	13.05
民国二十年	143、705、000	10.06	279、324、000	31.83

由此表可见，东北三省民二十出口额，几乎要占全国出口总额三分之一。同时，同年三省流入内地货物，计达一万四千余万两，而由内地各口输入三省各口货物，计达七千万两，其与内地经济关系之密切，概可想见。这还不算，近十年来，北方几省，破产失业的农民，流入东三省以谋生计的，年以百万计。内地若干省区农村的矛盾，亦得一缓和。但自九一八后，"黄金地带"的满洲，被日本帝国主义，用暴力从中国国民经济体系中抢劫去了。这加于中国经济之打击，不想可知。

至于一二八事变，给予我国经济之打击，亦不在小。小小民族工业，适多在战区，全被日本帝国主义飞机大炮所毁。据最近一不完全的统计，此次事变，直接间接所受损失，连公私机关、学校房产、商店工厂、住户，合计不下一九、四六○、六三六、二八一元，其中被害工厂大小达九六五家直接间接损失五九、八八一、四七二、○三二元，被害商户，达五、七一九家，直接间接损失达四、九四九、二五○、八一○元，且因上海为全国唯一经济中心之机关，在战事期间，交通断绝，金融吃紧，影响其他各地，所受损失，尚不能以数计的。

经济恐慌的尖锐化

我国经济的恐慌事实，是自一九二一年起的。盖自欧战停战以后，世界资本主义，得以暂时稳定，乃挟其资本之势力，力谋恢复在华市场的固有地盘。我国民族的工业，不堪与价廉物美的洋货竞争，不景气遂漫布全国。最近复经此五省的大旱灾，及二十年的大水灾，与夫东北和一二八事件，外加世界空前的经济恐慌。迄今我国经济恐慌的深度，更形深刻。

工业方面

关于工业方面，所用机器，都采自外洋。因此我们从机器的输入量的低落，可以测知工业界不景气的深度。

机器入口总值及指数表（见东方杂志三十卷四号）

	关两与美元兑换率	入口值关两（单位千）	折美金元数（单位千元）	指数
一九二一年	0.76	57、328	43、569	100.00
一九二三年	0.08	28、036	22、429	51.47
一九二五年	0.84	16、721	14、045	32.23
一九二七年	0.69	19、743	13、623	31.28
一九二九年	0.65	33、847	23、001	50.49
一九三〇年	0.46	47、459	21、831	50.17
一九三一年	0.34	44、875	15、258	35.05
一九三二年				
一月	0.36	3、893	1、434	39.49
二月	0.36	2、281	814	22.41
三月	0.36	2、157	777	21.93
四月	0.34	3、979	1、352	37.20
五月	0.33	3、067	1、012	27.81
六月	0.33	3、389	1、118	30.76
七月	0.32	2、320	742	20.43
八月	0.33	2610	816	23.71
一九三一年每月平均数			1、271	35.00
一九三二年前八月每月平均数			1、014	27.91
附注	海关两与美元兑换率是以上海规银当年对美平均汇率折合而成			

我们看到机器入口总值的暴跌，就可知道工业化的停止与经济衰落的情形了。

纺织

兹将我国唯一民族工业——纺织业的发展，调查一下，可为上述的有力证据。

据经济统计季刊方显君的方法，把我国纺织业的发展，分为四期，以一九三〇年纺锭总数作为一〇〇，那末各时期所设置锭数，情形如下：

年份	设置锭数
草创时期一八九〇——一九〇四	15.00
渐兴时期一九〇五——一九一三	8.17
勃兴时期一九一四——一九二五	72.52
衰落时期一九二五——迄今	4.20

丝厂

据最近调查，全国机器缫丝厂，约三百二十余家。其中江浙两省，占一百八十五家。年来因世界经济恐慌，丝价惨跌，我国丝业，遭受严重打击。比如上海共有丝厂一〇六家，在一九三〇年开工者，尚有七家。在去年减至三十六家。在一九三二年，复因沪战，丝厂都在战区，全被摧毁。未毁者亦皆停闭，至夏季后，始有十余家开工。同时加以日丝在海外倾销，华丝价格益跌，更影响内地丝业，率多破产或歇业。如杭州四家丝厂"一九三一年，缫丝一千二百七十担，总值一百十四万三千元，今年两厂停歇，留存的两厂，到六月底为止，只出丝一百七十六担，总值十一万八千元。""绸厂在一九三一年，尚有五十四家，今年只维持五十家。机户从前全市将近一万家，到一九三一年，只剩二千五百九十户，机六千一百六十八台，工人九千零十五人。一九三二年十二月间，完全停顿。五月间工作只有一千零三十八户，机二千四百六十七台，工人三千三百余人。生货机户在一九二八年有五百家，机千台。一九三二年，仅存二百五十户，机四百八十台。包工机户在一九二八年有六百七十五家，机一千三百五十台。一九三二年只维持一百二十家，机二百四十台，其凋敝状况，极可想见。"无锡在丝业全盛时，有丝厂五十余家，去春开工者，只两家。夏季以来，开工者二十家。华南丝业中心——顺德，从前丝厂大小有三百余家，去年开业者，仅十余家。且均系由积存旧茧，勉强开工，其能否继续营业，尚难决定。现计停业丝厂，损失之资本，总在千余万元。

其次，以去年度丝之出口激减，立可看出丝业之恐慌程度。

上海生丝出口统计表（年度是以先年六月一日起至次年正月底止计算），（见上海银行调查部所编二十一度上半期商情之回顾）

运往地	一九三〇年度	一九三一年度	一九三一年六月至十二月	一九三二年一月至五月	总计
欧洲	36、928 包	30、789 包	8、697 包	2、557 包	11、254
亚非洲	22、694 包	10、972 包	5、600 包	5、400 包	11、060
美洲	37、538 包	37、002 包	12、407 包	995 包	13、402
总计	107、160 包	78、752 包	26、764 包	8、972 包	35、706

经济恐慌的写照

更据最近中秋节上海丝织和丝厂业的调查，可为经济恐慌的写照。兹摘录时事新报的新闻一则如下：

"本市为我国东南部经济商业之重心，故商业之关系殊巨。惟经自一二八战祸以来，外受世界之不景气，内受农村经济之衰颓，至各种商业，表面虽尚未完全暴露衰落，但实际之脆弱，已无容讳言。值此废历中秋节关之际，兹以各业状况，困难一斑，探志如下，以言恢复，殊不易也。

（甲）纺织——本市纺织厂，原有申新、永安、统益、鸿章、崇信等十余家，其过去营业，虽未见突飞猛进，但尚觉有欣欣向荣之象。惟自去秋以还，纱布市场，外受洋纱布之倾销，内受农村经济之破产，购买力薄弱，至造成生产过剩，经济呆滞之景象，不得已减工以节制生产。一方面虽曾与政府商谋救济，但辄以头绪千端，救济无从着手，故纱纺之前途，仍处于风雨飘摇之中也。

（乙）丝厂——本市丝厂，四五年前，上海全市共有一百十六家之多。每届蚕汛，厂商派员至江浙各区，收取茧子。质佳货涌，足供全年之需。每岁运销欧美，达十余万担之巨。自前岁日丝狂跌，廉价倾销后，欧美市场，华丝销路，顿告阻滞。价格一再猛落，每担一千三四百元降至七百元弱。兼之内地销路亦稀，因相继停业者，比比皆是。虽经当局为劳工生活计，设法发行公债，借以复兴。奈一二八战祸发生，闸北大半厂址，毁于炮火，虽去春极图恢复，勉力维持，现沪上只存四十余家，但尚感于外销不振，处于不景气之中也。

农业方面米麦

（甲）米麦——我国以农立国，全国人口，百分之八十以上，以农为生的。照理每年当有大量的粮食出口。但事实是相反的，每年却有大量的粮食进口。在在证明我国农业经济的恐慌深刻了。

兹将最近三年，米麦进口货价额，列表如下：

（A）洋米进口数量（单位担）（见申报年鉴二〇五页）

	十八年	十九年	二十年
香港	799、261	6、022、992	6、865、659
印度	720、978	9、515、978	1、373、790
安南	1、270、683	3、285、202	885、135
日本	93、890	437、348	798、348
暹罗	921、579	451、145	704、963
其他各国	124、674	108、119	112、925
总计	10、824、065	19、892、784	10、740、810
复运外洋	1、260	1、681	——
进口净数	10、813、805	19、891、103	10、740、810

（B）洋麦进口数量（单位担）

	十八年	十九年	二十年
澳洲	984、540	1、244、614	14、987、089
美国	4153、66	556、948	4、091、884
加拿大	4、244、679	960、488	3、305、581
俄国欧洲各口	——	——	484、777
其他各国	9、272	190	17、059
总计	5、663、857	2、762、240	22、778、390
复运外洋	11	——	4、966
进口净数	5、663、846	2、762、240	22、773、324

棉花

（乙）棉花——我国棉的收获力，比印度高二倍。甚至比北美合众国都要高些。但我国农民知识闭塞，耕作则墨守旧法，施肥也非常恶劣，以致棉花品种，日形退化。兼之纺织业所需棉花，必须质地优良的，方可应用，于是外国棉花，输入中国，造成可怕的高度记录。

兹将棉花进口的数量列表如下：

棉花进口数量（单位千担）（见申报年鉴二〇三页）

	十八年	十九年	二十年
美国	1、028	1、289	2、623
印度	1、448	2、136	1、912
日本	13	7	3
其他各国	26	24	54
总计	2、515	3、456	4、653

茶叶

（丙）茶叶——茶叶出口，为我国输出品的大宗，但近十年来，受日印茶的排挤，已在世界市场上，一落千丈。据最近的三年调查，茶叶输出额的惨跌，令人心悸。兹将最近三年茶叶输出数量，列表如下：

茶叶输出数量（单位担）（见同上二〇六页）

	十八年	十九年	二十年
红茶	294、563	215、079	171、466
绿茶	350、055	249、779	293、526
砖茶	242、677	192、386	166、643
毛茶	45、297	27、985	53、310
他种茶	15、138	18、817	18、201
总计	947、730	694、048	703、206

耕地面积渐减的危机

最后，要研究耕地面积的情形，因为构成农村主要的元素是农民与耕地。这两个元素，是不能分离而独立的。只有农民而没有耕地，当然不能构成农村。反之，只有耕地而没有农民，那当然也不能形成农村。

最近据调查所得，我国的农家户数，在那里逐渐的增多。这件事实，似乎是个"生产者日众"的好现象。但是关系耕地面积，却逐年减少，每户农家，平均所得的耕田，当然要减少。这耕田面积的减少，与农民数量的增加，同时出现于现在的农村，就是证明中国农村渐趋没落的象征。

全国农家户数及耕地面积（见《中国农村现状》第五页）

	农家户数（户）	耕地面积（亩）	平均每户亩数
民国三年	59、402、315	1、578、347、925	27
民国四年	46、776、256	1、442、333、638	30
民国五年	59、322、504	1、509、975、461	25
民国六年	48、907、853	1、365、186、100	28
民国七年	43、935、478	1、314、472、190	28
民国十九年	58、569、181	1、248、781、000	21

不宁惟是，还有荒地的面积，逐渐增加。鸦片的种植，也在恶势力压迫之下，年年猛进。这却是造成耕田面积锐减的最大动因。

据从前北京农商部荒地面积的调查，统计如下：

年份	荒地面积（单位亩）
民国三年	358、235、867
民国四年	404、369、947
民国五年	390、361、021
民国六年	924、583、899
民国七年	848、935、748

更据民十一农商部所发表全国荒地面积为八九六、三一六、七八四亩，较民七的荒地面积，是增了不少。又据民十九年内政部统计司根据二十一省五百六十七县的呈报，统计全国荒地面积，为一、一七七、三四〇、二六一亩，荒地的面积，更其增多了。

关于种植罂粟的面积，苦无有系统的统计材料，但以各地零星的材料观察起来，种罂粟的数量，逐年增加，同时，就表示耕地面积的减少。

第四节　农村经济与国民生计

社会进化的动因

社会的进化，必有其原动力。这个原动力，从唯物史观的见地上来说，是经济的变动。从民生史观的见地上来说，是民生的解决。我们与其信唯物史观，毋宁信民生史观。因为经济为什么要变动呢？是欲达到解决民生的问题。所以经济的变动，还是基于民生问题。

民生成为问题的原因，是由于经济不适合于民生。而经济的变动，便是求达到适合于民生为目的。引起经济变动的动力有两种：

一是起于内部,我们可称为内动力;一是来自外部,我们可称为外动力。一种经济组织进化到某一定阶级,经济组织,不适合民生,且无再向前进行可能,势必引起革命,铲除旧的经济组织,另建一种新的经济组织,以求民生问题之解决。像这样的变动,便是由于内动力。譬如十八世纪的法国,因为贵族僧侣把持全国政治权及经济权,任意蹂躏人民,民生发生了严重问题,所以革命爆发,而将封建制度推翻,建设资本主义制度,因而民生问题,得以解决。一种经济组织,虽然蓄积矛盾,但未到崩坏时期,而突有强制的外力加入,破坏了原有的经济组织,引起民生的绝大问题,此时要使社会入于安定状态,民生问题得以解决,非有适应时代的新的经济制度不可。像这种变动,便是由于外动力。譬如十九世纪的日本,以欧美资本主义国家商品的侵入,使日本的农村破坏,民生发生问题。因此,日本大加改革,力图维新,民生问题,乃得解决。

混乱的总因

历史的事实告诉吾们,中国的混乱,不外三个原因:第一政治的变迁;第二人口的排挤;第三天灾的流行。不过我们要细细的观察,这三个原因的发生,是从那里来的呢?很显明的,这三个原因的总原因,是建筑在农村经济组织的转变上。

因为农村经济组织,是个别的,散漫的。没有坚固的团结的力量,不能限制或监督帝王及官吏的胡行,而生受其鱼肉。但到了官民贫困时,革命就要爆发。历朝的更替,就是明证。其始的开国君皇,总是英明干练,能使政治修明,民生安康。但一代代的传下去,昏庸暴虐的,势必辈出,种下了许多混乱种子,一旦成熟,便推动了革命。

农村经济,既是个别的,不知讲求农政,通力合作,以求生产力的增加。更不知发展工业,以求民生的普遍。因此,过剩人口,无处容纳。人口拥挤,势非竞争不可,于是混乱就要发生了。据马尔萨斯的学说,人口的增加率,倘使没有其他特殊原因,要比食物增加率为快。尤其农村社会,土地多,有报酬渐减法则的支配,人口过剩的现象更易显露。

农村社会，以交通不便，一有天灾，民食问题，即无法解决，陷于束手待毙的僵局。倘灾区扩大，一般执政者，往往无法应付，就要造成大混乱了。

总之，农村经济组织的转变，是社会革命的总原因。

外力的侵入

自从鸦片战争以后，资本主义国家的商品，不断的流入我国。我国是以农立国，富的是原料，缺的是熟货。于是资本主义国家，将其大规模生产的商品，运到我国，换了廉价原料，运归本国，制成熟货，复运至我国销售。如此输流，从中剥削我人民的脂膏。因此，一方面使生活程度提高，一方面又使土著农业副产物的工业破产了！因此，我国农村，日就衰落，逐使大多数农民失业，流为盗贼土匪，给军阀当兵。此等盗贼土匪及大兵，不仅是社会上的寄生虫，增加了农民的负担，而且到处骚扰，愈使农村陷于困难状态中。因此，逐发生社会的大混乱，民生的大问题。

资本主义国家，对于我国，既有如此大害，当然我国是反抗过的。然而薄弱的农村的兵器，如何能抵抗过资本主义国家之大炮快枪。结果逐在悲惨的状态中失败了！屈服了！资本主义国家，乘战胜的余威，强我国订立种种不平等条约，以作侵略我国之护符。一直到现在，我国社会，真入于历史上所未有之混乱状态。

农村经济与国计民生

农业经营，为我国生产的主要根源。农民人数，占全国人口百分之八十以上，是以社会繁荣的底力，国家盛衰的关键，都以农村经济为基础的。今日遍全国各地的农村，自南至北，莫不有岌岌不可终日之势。吾人试推考其所以衰落的原因，虽甚复杂，但其最大原因，则在于帝国主义列强的经济侵略。帝国主义挟工业先进国的利器，以机器生产，压迫我手工生产。其势力深深侵入内地。虽穷乡僻壤，无不有洋货，即无不有帝国主义列强势力。在无形中吸收我金钱，以制我死命。年深日久，使我国经济，日趋于破产。我国今日经济上的危机，其来也非一朝一夕，利权外溢，已数十年。惟至今日为最甚。经济痛苦，日深一日，瞻望前途，诚有令人不寒而栗。兹根据海关报告及现在经济恐慌之事实，以为事实上之证明。

民国元年以来，海关进口，洋货之数量，自元年至二十年，最少为民国八年，进口超过出口，为一千六百余万两。最多为二十年进口，超过出口，为五万五千九百余万两。总计二十年中，进口超过出口，为三十九万一千二百余万海关两。合计上海规银四十三万五千八百余万两。照现在市价，合国币六十万万元以上。试问以二十年之短期间，因国人喜用洋货，使金钱外溢，达六十万万元以上。我国安得而不穷？全国经济状况，安得不发生恐慌？不但如是，假使我国人能明了穷困的原因，在于金钱外溢太多，而急起努力生产，推广国货，则病尚有救。无如经济恐慌，尽经济恐慌，喜用洋货者，仍喜用洋货，本年春季三个月，据海关报告，进口洋货，为二万六千一百余万两。出口土货，为一万四千一百余万两，进口超过出口，又有一万二千一百余万两。不但如是，即以上海一埠而论，进口超过出口，一月份为五千二百余万两，二月份一千四百余万两，三月份二千六百余万两。上海一埠，三个月总计进口超过出口已有九千三百余万两之多。四月份据西报所载，上海一埠，进口为五千四百余万两，出口为九百余万两，进口超过出口为四千四百余万两。故以上海一埠而论，本年四个月进口超过出口已有一万三千八百余万两之多。合国币在二万万元以上。若以全国论，至少在一万六千六百万两以上，合国币在二万六千万元以上。夫以国难当头之今日，仅四月之短期间，进口超过出口，又有二万六千万元之多。前途茫茫，真不知何以为继。兹更就海关报告一察进口货物之种类。

民国二十年，进口货总值为十三万零九百余万两，其中棉货为一万四千九百余万两，棉花为一万三千二百余万两，米为一万二千一百余万两，糖为八千六百余万两，烟叶及纸烟为五千六百余万两，面粉为三千一百余万两，海味为二千五百余万两，毛织品为二千四百余万两。果品药材等为二千三百余万两，木材为二千三百余万两，人造丝为一千四百余万两，小麦为一千二百余万两，罐头食物为一千二百余万两。此皆为人民生活所必需，而皆有赖于洋货。不但金钱外溢为可惧，万一世界发生战事，交通阻滞，洋货不能进口，或进口减少，则我人之衣食，岂不发生缺少供给或断绝供给之危险。至于生产工具之机器，同年进口数量，价值四千四百余万两。在十三万零九百余万两进口总额之中，仅占百分之三·三八。可知进口洋货，百分之九十以上为消耗品。一年复一年，消耗复消耗，如此情形，国计民生，安得不形穷迫！

总之，农村经济的衰落，不仅为农民本身利害及国民经济的消长问题，实为整个民族的安危兴亡所击。吾国农民，占全国民众的绝对多数，以绝对多数的民众，陷于经济恐慌不克自救的地位，无异人生血枯力竭，元气大损，宁有不陷于危险的境域的。故以目前的局势论，救济农村经济问题，即系救国救亡问题。最近各界，关系农村救济方案，有如雨后春笋，在在可见；民众方面固在奔走呼号，以求生路；政府当局，也深加注意，早经成立民食会议，农业金融会议，以及蚕丝救济会议等。并设农业复兴委员会。即如最近成立的棉麦借款，也将完全用于建设生产上。则将来各项生产事业，当能逐渐见诸实现，俾得巩固全国的国民生计了！

问题（汇总）

（1）研究农村经济最低限度要包括些什么材料？

（2）资本主义的势力深入农村的程度如何？

（3）略述中国农村经济组织的特殊性？

（4）略述最近工业方面的情形？

（5）社会进化的动因是什么？

（6）中国治乱的总因何在？

（7）何谓外动力举例以明之？

（8）何谓内动力举例以明之？

（9）对于棉麦借款的意见如何？

本章参考书目

申报年鉴农村栏——申报馆

中国农村经济组织的考究及现状的分析——村治二卷一期

申报年鉴外国贸易栏——申报馆

中国经济上的危机——穆湘五月

救济农村应调剂农村金融之商榷——王维骃

农民人口与耕地面积——中国农村现状第二节（生活书局）

中国耕地面积渐减的倾向——东方杂志三十卷一八号

世界经济恐慌下之中国经济——申报月刊

二十一年上半期商情之回头——上海银行调查部

第四章　农民运动的憧憬

第一节　农民运动的觉醒

农民的觉悟

天灾、战争、匪祸、苛税、杂税的残酷，高利贷借的剥削，洋货的侵袭等等，使得农村的组织，高度的崩溃；农民经济，急速的凋落。物理学告诉吾们，凡压迫愈烈的，反抗力愈强。因此，近年来农民阶级的运动，特别是佃农阶级的运动，来势格外的汹涌。如火如荼，向前推进。俨似从酣睡中惊觉的睡狮一般！若广东、广西、两湖、江西等省，整千整万的农民，无论老少，不分男女，心头深处，都紧张着火一般的阶级意识。

总之，农民的运动，根本是要求人格的自由。在这不劳而获与劳而不获对立的社会里面，农民运动的爆发，是自然的结果。同时农民的运动，还要和都市劳动的运动，联合起来，形成将来三民主义新社会的重要份子。

现时不劳而获的阶级——地主、资本家、军阀、土豪劣绅等，都朝着绝灭的方向行动着。只有现时劳苦的农民，才是将来新社会真阶级。我们从这意义上，对于农民的觉醒，实抱有无穷的希望呢！

历史的启示

在中国历史上各种斗争，无不是反映农民反抗豪劣、地主阶级的斗争。全部中国的历史，充满着这种农民阶级斗争的事实。远的且勿论，试把最近三百年来的历史来看罢。第一是明末李自成张献忠流寇的倡乱，他们所统率的，就是山西、陕西、河南、山东各省的农民。当时因为赋税繁苛，连年饥馑，农民的生计，已陷于绝境，所以有人振臂一呼，农民便蜂起响应。换一句话说，就是因为农民的生计问题没得解决，所以才造成明末的流寇之乱。……其次是洪杨之役，他们自广西金田起义，所统率的也是南部各省的农民。……再其次就是义和团之役，为了耐不住洋人的侮辱，与压迫，所以打起扶清灭洋的旗帜，起来反抗。而义和团所领导的，也是黄河流域一带的农民。……此外如最近的红枪会也是北方各省农民一个很大的结合，是反抗军阀的一种很大的力量。

农民运动的动因

内在的动因

据上面的事实，我们就可以知道农民是中国政治经济生活的基础，是中国社会的底层。而农民向来在封建的旧土地，关系及一切农民剥削制度下过奴隶般的生活，向来是被人蔑视与遗弃。这些都是造成中国过去的农民社会斗争的客观的背景。

人类社会的基础，是物质的生产力，而生产力的状态，又足以规定社会中经济的关系和生活的状态。中国旧时的生产方法，主要的是手工农业与手工业生产，这种生产力状态中的社会经济和生活，便是宗法社会及封建制度的表现。在过去的封建社会中，我们显然的找得到两种对立的封建阶级：士绅统治阶级与平民阶级。（农民占最多数）士绅阶级，是远离生产的劳动过程，他们的社会的机能，只在发明榨取平民的剩余劳动与剩余生产物的方法。他们耽于怠惰和奢侈，而成为纯粹的寄生虫。他们大部分剥削农民，以扩充其私有财产。或者经过官署的课税、抽捐、贿赂的方式，或者直接利用重利盘剥敲榨田租的方式。他们又有强有力的法律机关，对于债务租息之不履行与反抗者，加以极严厉的重罚与镇压。农民陷入这种残酷的剥削的状态中，自然逐渐的零落。同时手工业者，因为农民的经济的凋落，也随着开始颓废。因此，社会上便增加了许多无产者。他们都是赤手空空，失去了生产手段的游民。他们的生活，就陷于极艰难困苦的地位。因此，他们必然要起来热烈的反抗。

外在的动因

这可以说激起农民运动的内在的动因，再有资本帝国主义的侵入，形成农民运动的外在的动因。帝国主义侵入中国以后，外国工业品，巨量的输入，把国内的手工业，打得落花流水。农家手工业，更是完全破产。同时中国各种农业的生产品原料，以低廉的价格，大量的输出。农民经济，因此日益崩溃。农民中大多数，因此破产而失业。

资本帝国主义，竟以中国为最好市场，因此不断的造成都市的经济恐慌，使资本溢出生产范围与流通范围以外，侵入农村里面。同时，都市的企业家，商人的剩余资本，也尽量地流入农村，竞占土地。于是自耕农逐渐减少，而佃农与雇农，却相对的增加。

农村经济的关系，既然起了此剧烈的变化，自然使农村的社会阶级，生活随着变更。不劳而获的尊贵阶级，尽量的榨取几万万劳动的农民，自然许多破落的农村里的劳动者，都变成了他们共同宰割的牛马。

但是，牛马般的农民，因农村凋落，经济的破产，达到求生无路的现代，大家都要争斗起来，找寻出路，于是如火如荼的农民运动，便日益扩大与普遍起来了。

第二节　中国国民党领导之下的农民运动

散沙般的农民

中国农民，占全人口百分之八十以上，而输出品以农产品为大宗。中国大部土地为农村，大半人口为农民，而主要产业为农业。所以中国是个农业国家。以其生产关系为基础，而所结构的文化，也带有极浓厚的农业色彩。例如中国民族性，无特殊的性格，一般农民中，只有共通的性格及共同的心理。且中国社会进化的迟缓，由其主要产业，为保守的农业；而其主要人口，为保守的农民。其他法律、宗教、道德、艺术等皆与农业有极深刻的关系。

有这样保守惰性的农村社会，所以我们的农民，真似散沙一般，毫无团结的能力。老古有两句话："各人自扫门前雪，莫管他家瓦上霜。"就是中国农民缺乏团结力的写照。

农民运动的发轫

但自革命运动，鼓动了全国，全国农民运动，在国民党指导之下，都轰轰烈烈地抬头了。自然，全国农民运动，最先兴起的为革命策源地的广东。现时可称为稍有基础者，也是广东。其他各省，虽兴起较后，然以农民所受政治及经济之压迫，日甚一日，一方面又受广东农民运动之重大影响，故也继续兴起。惟以时间既短，且加以军阀、官僚、土豪、劣绅等严重之压迫，故进步甚缓。现时全国有组织之农民，总数在一百万以上。以全国农民总数计之，尚未及三百分之一。全国各级农民协会组织，亦多松懈。然就过去的事实观之，农民参加革命，已著极大之成绩。农民有参加革命之需要与可能，已渐次成为显著之事实。

国民党自第一次全国代表大会之后，即确定农民运动的政纲，努力领导农工群众，从事解放运动。第二次全国代表大会对于农民运动，更有具体的决案，该项议决案，明白规定："本党无论何时何地，皆当以农民运动为基础，无论政治的或经济的运动，亦应以农民运动为基础。党的政策，首须着眼于农民利益之本身。政府之行动，亦须根于农民利益，而谋其解放。"革命政府方面，也尝三次发表宣言，始终愿为农民利益努力，是以全国农民，皆将根据国民党政策，在他的领导之下，得以继续发展。

农民运动与革命工作

普通一般人的见解，以为农民知识低浅，团结力薄弱，对于革命工作，未必有多大的能力。此种见解，实为最大的错误。过去革命运动的推进，农民表显的能力伟大，实有出人意料之外。

试观革命军削平镇刘，两次东征，平定南路，农民无役而不参与。廖仲恺部长被刺时，革命政府，镇服郑莫诸叛徒，农民也尽莫大的助力。延长一年余的省港大罢工，农民更随时协助工人，封镇港口，因此而在芳村、深圳、鱼涌、中山等处，流血丧生甚众。曲江等处，农民协助北伐运输，随军效力者不下万人。北伐军入湘而后，平江浏阳诸役，皆得农民为向导与协助，使革命军不至陷于逆敌伏军及地雷的危险。平江之役，农民引导革命军从间道抄平江北门，敌军几疑我军从天而降，敌将陆云因势穷自杀，农民因此而牺牲者数十人。凡我军所到，农民必担茶担水，以相慰劳。跋涉险阻，以为向导。常有手持木棍，截击敌兵，夺其枪械，以为我军效力。黄陂县有农民千余，向吴佩孚溃军缴获大帮枪械，送交革命军后，革命军得长驱北伐，不两月已克复武汉，进兵豫赣，扑灭吴佩孚军阀，统一全国，得助于农民群众的很多很多。

农运的方式

各省的农运，各依其特殊的客观事实而异，其运动的方式，就大体上说起来，可分为下列四大类：

（甲）由下层各个农民加以宣传组织，先成立乡农民协会，而区会、而县会、而省会，此种组织，比较严密，不易为土豪劣绅所混杂，故势力比较充实，常与乡村封建势力冲突，成为农村中新旧势力冲突的现象。此种冲突现象，常被统治阶级认为是捣乱行为。其实，此种冲突现象，乃封建制度崩坏过程中所不可避免的。

（乙）适与上述相反，先成立上层组织，再从事于下层运动。此种方式，所以采用之理由，不外三个原因：第一，依赖政治运动的力量，以从事民众运动。第二，采取最捷之途径，收民众运动之效果。第三，误认广东现时之农运现象，为不幸之现象，欲纡道以图避免。此种方式，最易为乡村封建势力所假借，成为非真正的民众运动。

（丙）各地农民，本有一种秘密或半公开的组织。但以组织不严密，且缺乏革命的策略，不能成为农民解放的利器。从事农民运动者，只须有相当的宣传与指导，即可使此种秘密或半公开的组织，变成革命的利器，农民解放的真正机关。

（丁）这种运动方式，以避免冲突，移经济政治的斗争于温和的改良政策之上。故其农运工作之重心，在办理农民夜校，办理农民俱乐部，精武会等，此种方式，在反动势力高涨底下，自然可以避免许多危险。但农民因此而缺乏组织，缺乏政治经济的解放运动的经验。

农运的宣言

兹将中国国民党第二届中央执行委员会第三次全体会议，对于农民的宣言，摘录于后：

经济落后半殖民地的中国国民，生活的大部分，还是农业，人口百之八十以上是农民。中国农民，受了帝国主义、军阀、地主阶级三种剥削，其困苦达于极点。自求解放之心，十分迫切。因此中国国民革命，最大部分的目标，在于使农民得到解放。农民如不得到解放，国民革命，断不能底于完成。中国国民党为领导国民革命之最大政党，负有完成国民革命之使命。民国十三年一月，本党改组时第一次全国代表大会，曾发布宣言，对于农民问题，特加注意。民国十五年一月第二次全国代表大会，又议决对于农民运动的纲要。同年十月中央各省联席会议发布政纲，关于拥护农民利益者二十二条。三年以来，本党党员，从事农民运动，组织农民协会，引导广大的农民群众，为拥护自身利益，参加国民革命组织之广，几遍全国，使革命风潮，特别广大，革命进行，特别顺利。这都是因为农民受痛苦最深，求解放最切，而本党适能拥护其利益，扩大其组织，领导其行动，才有这样的结果。……

本党为领导代表民主势力的农民与代表，封建势力的土豪劣绅，不法地主的争斗，并使这个争斗的胜利，得到保障。……

农民在政治争斗胜利之后，经济争斗，便随着开始。农民经济争斗的意义，为反抗帝国主义军阀，特别是地主阶级的剥削。这个剥削的总数，在百分之五十以上。本党的任务，即在领导农民，反抗这个剥削。本党联席会议决政纲有如下数条：（一）减轻佃田租百分之二十五；（二）禁止重利盘剥，年利不得超过百分之二十；（三）禁止上期租；（四）禁止预征钱粮；（五）禁止包佃制。此次全体会议，决定佃农使用土地权，改良田税法则，并规定区乡自治机关。关于地方经济事务之各项主管权力。此皆属农民初步的经济争斗之纲领，本党必须领导此争斗，使继政治争斗而得到胜利。在国民政府管辖区域内，当用政治的力量，帮助农民，达到目的。……

农民协会，是本三民主义解放劳动阶级的意旨，集合全国受压迫的贫苦农民，如自耕农在百亩以下的，半自耕农、佃农、雇农及在农村中为体力劳动的组织而成立，他的目的，是在谋农民的自卫，并行改良农村组织，增进农民生活为目的。

农民协会的章则

兹将农民协会的章则，摘录于后：

第一章 农民协会会员

第一条 凡居住中国之自耕农、半自耕农、佃农、雇农、农村中之手工业者及在农村中为体力劳动，不论国别性别，凡年满十六岁，愿依行第二条所列入会手续者，皆得为本会会员，但有下列条款之一者，得拒绝之。

（一）有田地百亩以上者。

（二）以重利剥削农民者。

（三）与农民处于利益相冲突之地位者。

（四）为宗教宣传教师者，如神父、牧师、僧道、巫等。

（五）受外国帝国主义操纵者。

（六）吸食鸦片及嗜赌者。

第二条 入会手续：

（一）填写入会志愿书。

（二）承认遵守本会章程。

（三）承认恪守本会纪律。

（四）缴纳入会金与月费。

第三条　凡农民入会时，须有会员二人之介绍。经所住地之乡农民协会会员全体大会半数之通过。若非农民而赞成农民协会请求加入者，必须会员全体大会四分之三通过，始能正式承认其会员资格。

第四条　凡农民协会会员，须在所属农会，领取会员证章。其证章由中央执行委员会制定之，在中央未成立以前，由广东省农民协会制定之。

第五条　开除委员须由所属乡农民协会之纪律裁判委员会判决，经本乡农民协会全体会员大会过半数通过行之。……

第二章　农民协会之组织

第六条　一农村有三十个农民以上，由县报告省或中央执行委员会之认可，并派员至该乡召集全体大会，依法选举执行委员会，组织乡农民协会。各级农民协会之成立，须经省执行委员会审查核准后，颁发旗印。

第七条　各区有三个乡农民协会以上，中央或省执行委员会认为有组织区农民协会必要时，即派员到该区召集区代表大会或会员大会，选举执行委员，组织区农民协会。区之范围，由中央或省规定之，并得随时为适当之更改。

第八条　各县有三区农民协会以上，中央或省认为必要时，即派员到该县召集县代表大会，选举县执行委员，组织县农民协会。

第九条　本会以乡农民协会为基本组织，自区协会层级而上，其组织系统如下：

（一）全国农民协会代表大会——中央执行委员会。

（二）全省农民协会代表大会——全省执行委员会。

（三）全县农民协会代表大会——全县执行委员会。

（四）全区农民协会代表大会或会员大会——全区执行委员会。

（五）乡农民协会会员大会——乡执行委员会。

第十条　本会之权力机关如下：

（一）全国代表大会但闭会期间为中央执行委员会——管理全国。

（二）全省代表大会但闭会期间为全省执行委员会——管理全省。

（三）全县代表大会但闭会期间为全县执行委员会——管理全县。

（四）全区代表大会或会员大会但闭会期间为全区执行委员——管理全区。

（五）乡会员大会但闭会期间为乡执行委员——管理全乡。

第十一条　各下级会执行委员，须受上级会执行委员会管辖。

第十二条　各级会代表大会或会员大会，须选出执行委员组织执行委员会执行会务，并选出候补执行委员。

第十三条　各级会开执行委员会时，候补委员，亦得列席，但只有发言权。

第十四条　各级会之执行委员，遇故缺席或离任时，即以候补委员，依次充任。

第十五条　各级会执行委员会，均得聘请专门家为顾问，但区会以下不得过三人。……

政府为便于施行农业行政起见，在各地设立农会，因上面竭力的推行，所以进行颇好，各地都有农会的设立了。

农会会员当然以农村的农民为主体。不论其为自耕农、半自耕农、佃农及雇农，皆得入会。此外尚有与农民直接有密切关系的，如地主等间接有密切关系的，如有农业上的知识及企图农业的人等，也得为会员。农会的会员资格，规定如下：

（甲）有农业上的学识者。

（乙）有农业上的经验者。

（丙）有农地牧场原野等的土地者。

（丁）经营农业者。

这样组织的农会，目的虽在企图农事的改良发达，实际往往被一般土劣所把住利用，集合了恶绅、土豪、富农举行集会表决会章草案，呈请主管官厅备案，就挂起某某农会的招牌，而农会就称成立了。

这种农会，非但不能为农民谋幸福，反而被土劣利用，威胁农民，榨取他们的汗血。

第三节　自动组织的农民运动

农民的反抗运动

农民所受的痛苦，日益加甚，则农民的反抗运动也厉害。反抗运动的形式，或为有组织的运动，或为无组织的暴动。有组织的运动，势力最伟大的，如山东、直隶、河南、陕西等省的红枪会、黑枪会、绿枪会、黄沙会、大刀会、连庄会等，或为半公开的，或为神秘的。会员人数，往往数万，乃至十万。有纯为农民的组织，专以抵抗兵匪为目的，有羼杂盗匪于其间，行劫掠生活者。但其性质，皆属于农民的反抗运动。但此种有组织的反抗运动，以组织不严，指导无人，且无一定的策略，不能成为解放运动的利器。无组织的农民暴动，虽随时发生，更散漫不堪，力量浅薄。例如：四川安岳县农民与军队冲突，农民死二千余人。河南、豫西、洛阳等县，因抵抗捐税，包围县署。江苏因反对门牌捐、宅地税、集合农民数千，捣毁乡董家。以上所举事实，足以证明全国农民，已准备大起革命了。

黑枪会

河南省的黑枪会，发源于河南，而蔓延于河北山东。今将其起源、符咒、训练、崇拜的状况，略述如下：

（A）起源——黑枪会的发起，几近迷信；祖师为卢延沙，生于河北省阳武县黑石村。他的父母，早已去世。曾受过三年村塾教育。四十岁时，做一怪梦，自身变为孩子，与朋友二人同游，忽然一素不相识的老人，从天降下，由袖中取出三卷书，三孩子各授一册。此后谨记忆书中所写的，能不畏枪刀，助真龙天子登极。此即为黑枪会的圣经。此会开始，不甚受人民信仰，后卢氏率徒与匪众交战，虽冒弹雨奋战，而无一伤者。由是信徒忽然增加。现在横亘河北、山东、河南三省，会员竟达数十万。

（B）符咒——黑枪会的符咒，大抵与其他枪会无大差别，最普通的述之如下：

（一）誓词凡希望入会的，须先对于神，作如下的宣誓：

"某今志愿入会为会员，嗣后若怀疑会纲或泄露秘密时天罚雷殛"。

（二）避刀之符用黄纸写了符咒，吞入腹中，即能避敌人的刀枪，其符如下：

"八大金刚在前，四大天王在后，祖师佑我，不畏刀枪。"

（三）避炮之符亦用黄纸写如下：

"请菩萨五雷神仙保佑，不畏炮火。"

（C）训练——一切符咒，不传六耳。教授时必一人一回，且极重秘密。会员入会后，训练一切符咒，百日之内，学习完了。其后须以砖瓦刀枪等，实地演习。

（D）信仰——黑枪会所信奉的神祇，比其他枪会更多。那种神只，多从旧小说中取来的，今举其普通的如下：

（一）张大师即东汉的张道陵。

（二）大祖师说是唐朝人。

（三）关羽。

红枪会

红枪会的组织，实系农民的自卫的组织团体，反抗一切压迫农民的运动。兹将其起源、派别、活动，分述于后：

（A）红枪会运动的原因

中国的官吏军队，名为人民的保护，实际多以榨取摧残人民为能事的。社会的治安，与其恃官吏军队的力量，反不如人民自卫之为愈。于是人民有自卫组织的发起。红枪会的组织，就是武装自卫。目的是：

（1）对抗官吏的压迫。

（2）对抗不良军队。

（3）对抗土匪。

他们既以警卫地方为目的，所以平时为农，一旦有事，则群起交战，俨如军队。战斗能力，颇为强大。彼等多依迷信而团结，份子皆系无智农民，缺乏良好指导，故每易超越自卫的范围，互相交战，或以掠夺为事。

（B）红枪会的派别

红枪会为华北秘密的武装自卫组织，一称大刀会。有种种的派别，如红枪会、黑旗会、蓝旗会、黄旗会、白旗会、天门会、小刀会、大刀会、真武会、黄沙会、忠孝会、青旗会等。

红旗会多以良民组织，故纪律极严，入会必须由其他会员介绍，不许小刀会、土匪、无赖等入会。彼等常不食牛肉、狗肉，不许奸淫妇女，交战时必默诵"金刚力刚斗刚神刚速助速助无量神"的符咒，以避枪弹。黑旗会则反是，会员资格，不论善恶，实力扩大，颇有可观。彼等于交战中，默诵"保护身体无量寿佛"的符咒，以避枪弹。

天门会的本部在河南省北部的林县，头目称为韩欲明（一称王民）目不识丁，其会员多系文盲的农民，其头目以"讨伐土匪""反对民团"为标语，奉祀文皇太圣，自称为其子孙，国号大明，年号天祐，宛如皇帝然。会员今达五六万，跋扈于河北河南交界的林县、涉县、武安、辉县、安阳、磁州一带。

其他秘密的会社，知之甚少，不能一一详述了！

（C）红枪会的活动

红枪会活动的势力，漫布华北各省。河南、山西、山东、河北等省，都有红枪会运动的发现。有的为了耐不住军队的搜括，联络各地会众，与军队火拼；有的忍不住士劣的压迫，起而攻城夺地到处扰乱；有的为了反抗苛税杂捐，纠合同志，自征粮食；攻击税务机关。

总之，无智无识的农民，为了解脱压迫，力谋自由，都自己起来，结了团体，推进农民的运动。但这种运动，始终缺乏良好的指导，所以中国的农民运动，依然在憧憬。

第四节　农民运动与未来的动向

农民运动的特质

自国民革命告成后，农民运动，如雨后春笋。向来被视为富有保守性的农民，顿显其活泼的运动。地主的柔婉手段，政府的高压政策和警察的恫喝面孔，要想阻止这农民运动，是件不可能的事。

农民运动，具备着几条特质如下：

（A）农民运动，是农民自身的运动，不管他有没有土地，凡是把劳力用在土地上面，而从事于农业生产的，都叫做农民。农民的利益和幸福，要农民自己去谋的。倘使希望地主集合的团体，计议农民的利益，是一丝儿没中用的。因为地主毕竟是地主，不是农民。农民运动，要撇开地主而为纯粹农民阶级的自身运动。

（B）农民运动，是以贫农阶级为中心的运动。这里所说的贫农，是指农业劳动者（卖短工的农民）、佃农、自耕农、兼租耕农而言。就是用过量的劳力而甘心于极小的消费的阶级，大部的农民，都是贫农。凡是知道农村生活实际情形的，没有不承认的。

（C）农民运动，要有革命的性质。社会上既然有了榨取者与被榨取者，就自然而然的要发生争斗。在有奴隶的时代，就有奴隶的叛乱，在有农奴的时代，则有农奴的反抗。这是从人类求平等的一个天然的要求中所发生出来的。

（D）农民运动，是有意识的团体，以创造新社会为其内在之目的。就客观来说，农民运动，是实现新社会的种子，社会是不断的进化的。社会组织不是停滞的。现时资本主义全盛的社会组织，迟早必归于灭亡。继起的新社会，必是劳动者占胜利的。民生社会农民运动和都市的劳动运动，是实现未来的民生社会的重大要素。

农民运动的策略

中国最大多数的农民，耐不住各阶级的层层压迫，一旦觉醒转来，那么痛苦的感觉，愤激的情绪，和革命的意识，便自然而然的像火一般的燃起。

这火一般的农民运动，我们要以：

（a）贫农为中心——因为最劳苦的，是最革命的。只有贫困的农民，才合这个条件。中农却也不能除外。中农将土地作抵押，而负着重利的债务，又受重税的苦累，和大农的压迫，在农民运动中，也可成为重要的份子。

（b）青年为先锋——青年富有勇气，肯活动，知识欲发达，在任何阶级中，都如此的。农村中以老者或家主支配青年的传统观念，现在还没有根本打破。老者和家主们，都是富于保守性的，农民的运动，要使青年排斥老者和家主的支配。

（c）教育为喉舌——就是努力于思想之宣传。教育的运动，在都市的劳动运动当中，也是必要。然而都市劳动者的修养和训练的机会，比较的多。农村的农民就少得多了，况且他们还有些传统的保守的精神。因此，关于农民运动中，思想的宣传，就有很重要的意义了。

农民运动与民生社会

民生主义的目的，在求资本的节制，土地的平均。换句话说，就是为无产阶级谋福利，达到无产阶级的解放。现社会的无产阶级，有两个大集团：（甲）都市里的工人；（乙）田园里的农夫。

如果资本能节制，资本家不去剥削劳工的剩余价值；土地能平均，耕者自有其田，那么他们都从贫困的悲惨的境遇中解放出来了，民生主义的社会，就能实现了。

社会主义运动的历史告诉我们，过去的运动，都以都市的劳工为中心，这是因为近代产业发达所产生的必然结果。一般劳苦的农民，数量很多，知识很低，觉醒极迟，所以社会运动的参加，是很迟缓的。

但是社会主义的运动，抛弃了多数的农民阶级，是绝对不行的。因为劳动阶级的份子，不单是都市的工人。工业固是主要的产业，农业也是根本的产业。所以民生主义的推进，农民不起来参加，民生主义的社会，永久不能实现的。

将来民生主义社会的实现，是以无产的利益为目标的。而且要以无产阶级自己起来改革，谋自己的幸福。都市劳动者在今日的社会主义运动里，要算急进的了，他们充满了革命的情绪，阶级的意识。而一般最大多数的劳苦农民运动，行动尚属幼稚，意识当不能认清，所以中国的农民运动，尚在憧憬。

不过占有全人口百分之八十以上的农民，一旦觉醒，便要成为将来社会改革的最大原动力。

问题（汇总）

（1）农运的动因如何？

（2）历史上的农运如何？

（3）略述农运的方式。

（4）黑枪会的训练如何？

（5）红枪会的起源如何？

（6）农运的特质如何？

（7）农运为何要以贫穷阶级为中心？

（8）中农阶级在农运中的地位如何？

（9）农运为何要以青年作前锋？

（10）自动组织的农运为什么要带着浓厚的迷信色彩？

（11）农民与民生主义社会的实现的关系如何？

本章参考书目

中国农民阶级的出路——中国农民问题与农民运动。

中国农民运动概观——中国农民问题与农民运动。

国民革命与农村问题，第七篇第一、二、三章——村治第二卷第三期。

第五章 乡教运动

第一节 绪言

农村是国家的基础

我国以农立国，农村就是国家的基础，农民即是国家的主人翁。但是现在的农村，日形凋敝，如再任其自然，一再没落，那国家一定要走向消灭的一条路。中华民族，一定也要走向死亡的一条路，这是何等可怕的事。最近上自政府，下至人民，鉴于农村的没落，国本的动摇，都竭力的从事于复兴农村的运动。复兴这个名词的含义，有重新和再造的意义。重新就是把旧事拿来改革，而反于旧观；并且胜过这旧观。再造是把过去有价值的事物，埋没不彰，却要使之再现其原来的价值。总之，新的开展，脱不了旧的形态。——要用旧的来做新发展的基础，中国农村的经济、生产技术、自治、文化和教育等，在历史上所演的作用，不过是在漫漫长夜的封建阶段中，显示其特殊性罢了。他的特征，是农业生产，逗留不前。技术桎梏于原有形态之内，食谷不加多，民生无发展，因而政治、文化、教育等，都蒙其影响。自鸦片战后，中国的田园，被帝国主义者践踏了。自然这生产不足、技术幼稚、文化拘泥、政治桎梏的中国，怎样挡得住他们的袭击？枪炮震惊着大梦，火轮撞翻了航船，火车驰骋大陆，飞机翱翔高空，洋纱洋布披在各人的身上，把手工业的纺织打倒了。因此，古旧的农村，更形衰败零落，而至于高度崩溃，不堪收拾。在这个时期，要挽救农村的衰败零落，当然不是把农村倒开到原始式道路上去，可以解决得了的。越把农村的车倒开到固有的道路上去，则农村的衰败零落，越加速其进展。解救中国农村的衰败，当然要从旧的根基里，力谋新的发展。兹将各项以乡教为中心的复兴农村建设，分述于下。

第二节　复兴农村与乡教运动

农村建设的中心运动

复兴农村，经纬万端，兹将以乡教运动为中心的建设计划，先用图解示其机能。

（一）公民教育

精神建设

（甲）精神建设——农村组织散漫，农民精神涣散。所以吾们要用自治来领导农民，组织农村，使他们精神团结，力量集中。这里先将行政院关于复兴农村组织的纲要，抄录于后，以供参考。

关于农村之组织，应实行农村自治，其原则制度及事实，拟定纲要如下：

（一）农村自治之原则：（1）组织及推行，均须因地制宜，法规上除少数必要之法制条文外，应有充分之伸缩性。（2）自治经费，应整理固有收支，不增加人民负担。（3）建设经费，得采取补助办法（由机关或私人补助）。（4）农村自治人才，应就地取材，但主持者须素孚众望，有一定之生活本据者。

（二）农村自治之制度，以县之下区行政区域，为自治区域，并应因地制宜，逐渐推广。自治区内，应设立调解委员会，调解农事纷争。

（三）农村自治之事业：（1）教育：第一，国民教育，应适合于农村环境之便利。第二，国民教育之外，应注意民众教育，民众教育，应注重乡村生活之需要。第三，注重关于农隙时之工作及训练。（2）保卫，关于保卫之组织，政府已拟定办法，应迅速施行。
（3）卫生：第一，减少急性传染病，由普遍种痘着手。第二，减
少产妇及婴儿死亡率。第三，宣传卫生常识。第四，促进各县设立
医院或诊疗所。（4）水利，限于农村局部水利问题。（5）土地整
理，应详细调查，分别规定。（6）救济，应注意积谷。（7）组织
各种合作社。（8）注意农村娱乐，纠正不良嗜好，如赌博等设立。

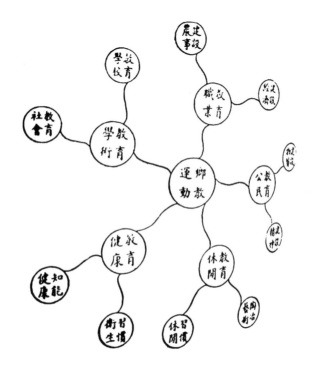

我们知道中国现在的主要生产还是农业，中国人口的大多数是
农民，帮助农民组织自治，打倒土豪劣绅，改善农民生活，提高农
民地位，并调查户口，测量土地，办理警卫，修筑道路，改良水
利，普及教育，创办消费、贩卖、购买、信用、生产各种合作，以
及劝导放足，破除迷信，改良陋习，兴办种种公益事业等。我们不
要只管高喊口号，我们要脚踏实地的从事下层的基本工作，促进乡
村自治，努力乡村自治，培植民众运动的基础。还有我们应该认识
的，就是乡村自治的根本建设，全赖有这自觉的广大的民众运动的

协助。自觉的民众运动，集合群众的力量，将一切封建势力，扫除净尽，然后能从事建设，从事乡村自治的建设。不然，乡村自治的根本建设，是决不能实现的。所以，现在我们应该组织民众，训练民众，领导民众，树立巩固的农村自治团体。

（A）组织民众——被压迫和被剥削的农民，虽然感觉到封建势力的可恶，但是怎样去扫除封建势力？怎样才能有力量？我以为这一盘散沙的农民，决不会有伟大的力量，应当使他们健全的组织起来。不但应有地方的单独的组织，而且应有全国劳苦农民的大联合，严密地组织起来。集中了才能，才有伟大的力量，向封建势力进攻。

（B）训练民众——只有组织而无训练，就和有工具而不会使用一样。所以民众有了健全的组织，还得有严格的训练。力量才能集中，训练民众，应注意下列各点：

（1）训练民众，觉悟其本身应有的政治觉悟；

（2）训练民众，认识怎样才可彻底的圆满的解决其生存问题；

（3）训练民众，使其具有彻底解决生存问题的能力。

（C）领导民众——领导问题，农村自治中最大问题。如果没有领导者，散沙般的农民，是不容易集中的。有了领导机关而不健全，则农民运动的过程中，不免有许多无益的牺牲。所以领导的人或机关，定要健全，才配领导农民。

具体的事业，可有下列数项：

（1）组织农村青年会，作为农村青年修养的机关，使青年身体健康，精神健旺。

（2）设立储蓄会，使农民每日血汗挣得的钱，可以零星储蓄。

（3）成立励志社，关于农村的风化，统由该社主持。如禁止烟赌，消弭诉讼，禁止淫风，破除迷信等。

（4）组织主户会，因为主户既是农家的主人，又是农村的健将，他们的教养，直接影响农村，间接影响国家。

（5）组织老人会，在乡村的地位很高的，足以垂范全体，为乡村的领导。

（6）成立节俭会，使婚丧喜庆，都从节俭着手。

（7）组织农村自卫团，保卫地方，维持治安。

（8）提倡慈善事业，如掩埋、救灾、恤贫等。

物质建设

（乙）物质建设——关于农村物质的建设，最重要的首推道路、桥梁与河道，宜组织特种委员会，从事建设道路、开濬河道、修理桥梁、以利交通。

（二）学术教育

（A）学校教育

（1）普及农村义务教育，使各个农村，均有一所中心小学，乡村小学院，或中心乡村幼稚园的设立。

（2）设立各种的流动的学校，使无力及无时间求学的儿童，得有求学的机会。

（3）设立乡村师范学校，作乡教运动的中心。

（B）社会教育

（1）推广识字运动，使农村乡民，一律读书识字。

（2）组织各种文化机关，如民众图书馆，民众教育馆，及中心茶园等，俾易改进农民的意识。

（三）职业教育

经济建设

（A）经济建设——最近行政院复兴农村委员会，关于经济建设的纲要如下：

经济组拟定纲要如下：

（一）农村经济问题：（1）每省设一合作指导委员会，指导各县合作社。（2）每省设一农民银行，省中各地，尽可能范围，分设农民银行。（3）农民银行，须在各县设立农业仓库。（4）商请上海银行公会，发起设立农村金融调剂委员会，由各银行联合或自由尽力辅助调剂农村金融。（5）各地已有典当，关系农民生计，仍由各地尽力扶持。（6）关于农民银行及指导合作进行事宜，得由本委员会设专门委员会，协助实业部及各省政府，督促进行。

（二）农产品价格调剂问题：本会设立专门委员会，就丝、茶、米棉、麻、五项，研究生产费、税率、生产量、需要量、运费、建议农产价格之调剂办法，一面由行政院长各部长及各省主席成立一农产调剂委员会，研究运费之减轻。内地各种捐税之废除及进口税之增加，切实施行。

一般的原则

（1）一般的原则——兹将经济建设的一般原则述于后：

（一）关于消极的

A. 制止豪绅高利借贷，操纵农民的生计，以免除农民的剥削。

B. 执行中国国民党减租政策，解放农民的压迫。

C. 禁止预征钱粮及额外征收。

D. 规定最高租额及最低谷价，高租是地主压迫农民唯一的手段，操纵谷价尤为有关于农民生计。所以都应该由政府，予以相当规定，俾农民生活，得以安全。

E. 积谷为救荒善政，应积极整理，以备灾荒。

F. 整理统一全国紊乱的币制，以免农民受商人无理的剥削。

G. 肃清种植鸦片区域，以增加农民生产，而制止无谓浪费。

（二）关于积极的

A. 提高关税，保护国内农产物，以防帝国主义的倾销，并筹设农产调剂委员会，使运输便利，货物畅流。

B. 清理官荒，分配于失业农民。我国土地，未经整理，官荒极多。农民的缺乏经济者，当给以这种荒地，使他耕作。既可免除农民的失业，复可增加国家的生产。

C. 提倡农民合作运动，为帮助农业发展的武器。欲免除中间阶级的剥削，必须使人人从事消费与生产事业的合作。

D. 创办农民银行，放款于农民所组织的合作社或信用保证的农民以充资金，或为购买耕地等用。利率宜低，还期宜长，借以救济农村金融的竭蹶，并使贫农有创设自耕农的机会。

E. 应用科学方法，指导农事。总理遗教所说，机器、肥料、选种、除害、制造、运输、防灾七个问题，均应有具体的研究。政府及地方自治机关，均应组织农业改良指导所，以灌输方法，俾农业得有进步。

F. 整理水利，开发交通。因水利与交通，均为农业的命脉，欲产量增加，运输迅速，非整顿水利开发交通不可。

G. 普设农业仓库，使维持米价平衡，调节农产物价格。

H. 提倡农村副业，以裕农民经济。

合作运动的提倡

合作运动的提倡——社会进化的原动力，不是达尔文所说的竞争，乃是合作。

合作可分为两类，第一是人与人的合作；第二是人与物的合作。前者我们要使各人能够尽各人的社会功用，应该各尽其能以谋社会的幸福。后者就是要使万物能够尽万物的社会功用，如人类对于公粮，不应该浪费滥用，对于草木鱼禽，不应该先时摧残，对于土地资本，不应绝对私有。

合作的种类

合作的种类，可分为消费合作，生产合作，交易合作，公用合作及资金合作五种如下：

（1）消费合作——如杂货合作社，食粮合作社，肉类合作社，合作饮店，合作药店，合作图书馆，合作娱乐场等。

（2）生产合作——如合作农场，合作养鱼，合作工厂等。

（3）交易合作——如贩卖合作，购买合作等。

（4）公用合作——凡公用事业，如电车、电话、电灯、牛奶厂等，都是属于公用合作范围。

（5）资金合作——如借贷合作，信用合作，银行等。

合作的优点

合作运动的优点有四：

（1）合作运动普遍以后，消费能合经济原则，为公众利便而适于个性。

（2）合作运动普遍以后，生产能有预算，有常态，合经济。并能适应消费者的需要。

（3）合作运动普遍以后，交易能够简捷，定价能够照用费。繁华的广告，赊欠的交易，都可废除。

（4）合作运动普遍以后，分配能够公平。就是能够取消利润的提取，革除雇佣的制度，防止资本的垄断，节制资本的私有。

无论什么社会运动，都有解决社会的理论。可是事实上往往要现着"此路不通"的毛病。合作运动，也是改造社会运动中的一个。为什么有那样伟大的改造能力？

合作的机能

合作运动之所以有伟大的改造社会能力，因为他有下列四种机能：

（1）合作运动，能够合于社会进化的合作原则；

（2）合作运动，能够适应复杂的社会组织；

（3）合作运动，能够合乎旧社会的守旧心理；

（4）合作运动，能够适合社会分子的参差的能力。

农事建设

农事建设——我们要领导和帮助农民，对于农事加以技术上的改良。现在中国农民，真正是靠天吃饭，一定要风调雨顺，才有收获的希望。最近行政院复兴农村会，关于技术组的决议案，纲要如下：

A.（1）由中央主管机关，联络各研究机关，以收分工合作之效；（2）扩充或添设各种技术供给之组织；（3）就国有荒地，应用科学方法，创立新农业区。

B. 本会技术方面，应设立下列各项专门委员会：（1）作物；

（2）土壤肥料；（3）农具；（4）农田水利；（5）病虫害；（6）森林园艺；（7）畜牧兽区；（8）蚕丝；（9）农村副业。

C. 本组认为下列各问题，应即先行考察研究：（1）兵灾匪祸区域，役畜供给问题；（2）家畜防疫问题；（3）灾荒区域种子供给问题；（4）华北掘井灌溉问题；（5）推广合作灌溉（汲水）问题；（6）巩固堤防、蔬浚沟渠池塘问题；（7）改良及制造农具问题；（8）利用风力问题。

D. 移民垦殖问题，我们应该赶快起来，使农民对于农事技术，能有科学的改善，兹分述如下：

（1）农事工业化——农事技术，不外徒手、畜力、器械种种。欧美农业技术，自十九世纪开幕以来，日渐趋于科学的应用。生产技术，因而大变，生产效率，因而增进。向之农业生产，以总收获之增大为唯一之目的者，今则以纯收获为经济的准衡。使用人工愈多，则总收获虽有限制加增，而纯收获则形渐减；若人工使用愈少，利用机器畜力，或机器愈多，则总收获纵未必有所增加，但纯收获必有相当的增加。即愈合经济竞争时代的生产意义。因此，十九世纪的农业家，莫不群趋于器械机器的利用，以图纯收获的增进。中国农业技术，虽叠受欧美科学潮流的激荡，然因守旧性牢，依然局促于人工、徒手、畜力、粗陋的器械之中。是以农业生产的纯收获，真是微乎其微。普通畜力工资，概等人工，或以时计，或以工作计，因地而殊。农业技术，徒手居多，畜力役使，多不经济。役使方法，亦多笨陋。农具利用，亦复如是。诚以中国农具的不发达，在世界各国，殆居第一位。就是守旧不进之印度，其农业技术，亦多优于我国。精巧便利之农用机器，姑不论，即手用农具，也粗陋可笑。

兹将应行积极提倡各点，略述如下，务使我国农事，普遍的工业化。

A. 设立农具研究所，改良固有农具，或制造新式农具，以期节省人力增加农产纯收获。

B. 设立农事试验场，改良品种，以增农业生产。

C. 设立肥料研究所，研究天然肥料的使用，并制造人造肥料，以补天然肥料的不足。

D. 设立病虫害研究所，研究病虫的防除，救济作物的损害。

E. 设立丝茶研究所，改良丝茶的制造法，以维固有的世界市场，并增进将来的销路。

F. 提倡造林，一方由国家设立大规模的造林场，养育各种苗木，从事试验研究；一方面实行科丁种植政策，以收实效。

G. 广设大规模的养蜂试验场，研究养蜂，作为农家的副业。

H. 利用无用的池塘，提倡养鱼合作，作为农家的副业。

（2）农事集团化——农事的工业化，倘使仍在资本主义的怀腋下进展，农业生产，采用了机器，农业管理，施用了科学，人类的劳动，当然可以节省，因此就有多数的农人，为机器所排斥，而形成了大批的失业之群。同时，因为失业人数的激增，农村工资逐渐低落，因此原来因用机器合算而采用多量机械的经营，现在竟有因工资低廉，而改用人工的矛盾现象。所以农事工业化，只有在社会主义的经济关系中，才能活跃迈进。这在从事于社会主义建设的苏俄，完全可以证实。

在苏俄社会主义农业的建设，一方面要使农业集团化，另一方面竭力在推进各部门农业生产的专门化。而农业机械，才是促进社会主义的分业——农业内部的专业化，工业与农业之间，相互地协同化——的最主要的契机；同时它是在社会主义的农业中清算富农增强劳动者的比重，而将整个农村生产形态改变的最大的推动力量。根据第二次五年计划，在苏俄国民经济底技术的改造上最重要的要素，便是工业和运输的广泛地电气化，和电力的向农业部门注入。同时要普遍地设立曳引机机站，使农业生产，全部机械化。无论在国营农场或集体农场上，都要努力于工艺作物底扩充和高级的机械技术采用，使收获率急进地增进，同时借以完成生产底社会主义的组织。

农业部门的电气化将先从畜牧业入手，其次为工业作物，再次为谷物生产。在牧业中乳业、养禽业、和养豚业是十分需要电力的。工业作物中须要电气化的，第一是植棉业蔬菜经营。在谷物生产中，先行电化一百万至四百万公顷的谷物面积。这种电气化的计划预定先从国营农场入手，然后再推行到别方面去。农业电气化了之后，可使生产率猛厉地膨大。假如一千万头乳牛，电气化了可以省却四〇〇、〇〇〇——五〇〇、〇〇〇人底劳动。然而现在苏俄并不会因为机械底采用，遂使劳动力过剩。相反的，苏俄现在正感觉着劳动力底缺乏，它正需要着国外技术劳动底补充。同时苏俄也绝不会因农业机械底普遍采用，使生产过剩，而企图减少农田面积。事实恰恰相反，苏俄现在还在努力增加生产，扩充种植面积。苏俄耕种地面积，在一九二八年为一一三、〇〇〇、〇〇〇公顷，到一九三二年，已增加到一三七、〇〇〇、〇〇〇公顷。

（四）健康教育

（A）健康知能

（1）设立民众体育场，内分儿童、妇女、民众三部，使健康的知能，普及于农村。

（2）设立国术研究所，提倡古有的拳术。

（3）举行球类比赛，民众运动会及组织远足队，引起民众对于体育的兴味。

（4）举行婴孩比赛会老人会等，以资促进保养的注意。

（B）卫生习惯

（1）举行清洁运动，使民众们明了卫生的重要。

（2）设立民众诊疗所，施送诊药，以便农民疾病的诊视。

（3）组织拒毒会、天足会、以资戒除民间一切不良习惯。

（五）休闲教育

（A）艺术陶冶

（1）设立博物馆、古物保存所，陶冶一般民众的艺术兴趣。

（2）举行美术展览会，图画展览会等，引起农民的艺术兴趣。

（3）设立民众剧场，提高农民艺术的欣赏力。

（B）休闲习惯

（1）提倡正当娱乐，改良农村风化，快乐农民身心。

（2）提倡国乐，使休闲的生活普遍化。

（3）改良说书、唱歌、小曲，使农民在工作之暇，可以得到正当的消遣。

（4）设立中心茶园、民众公园等，使农民得消遣的正当场所。

（5）举行音乐会、游艺会等，养成休闲的正当习惯。

第三节　乡教运动的史实

乡教运动的起因

（一）教育的不适合——中国的教育，走错了路了。他不能适应吾们的需要，变成了闲暇阶级的装饰品；至多做着支配阶级的工具。陶知行先生说得好："现在的教育，他教人离开乡下向城里跑，他教人吃饭不种稻，穿衣不种棉，做房子不造林……。"

试观一般的乡村学校，所教的材料，全部都是模仿都市。学校一切设施，又多因袭都市。学校的成规，对于乡村社会的环境，乡村农民的需要，一点儿不顾到的。这样的教育，怎能适合乡村的生活呢？所以要求适合乡村生活的乡教运动，就蓬蓬勃勃地推动起来了。

（二）机会均等的要求——在劳而不获和不劳而获两阶级对立的现代社会，教育的机会，老是作畸形的发展。经济富裕的，能够有许多的空闲，来享受教育的机会。反之，穷无立锥的人们，谋生的时间，尚觉不够，那里有空闲来享受教育的恩泽。试观我国现代教育的设施，经济集中的都市，花团锦簇，教育颇发达。而寥落破散的乡村，遂任其衰颓，使大批劳苦农民的子弟，变成失学之群。打开民十八教育部调查的各省市初级小学儿童数与学龄儿童总数的比较表来看，就显出惊人的数量来了。

各省市初级小学儿童数与学龄儿童总数之比较（教育部调查）

省市	学龄儿童总数	已入初级小学儿童数	已入初级小学儿童数占学龄儿童数之百分数
江苏	4、643、725	597、753	12.9
浙江	2、064、270（估计）	555、069	26.9
安徽	2、171、540（估计）	167、675	7.7
江西	2、032、284（估计）	157、164	7.7
湖北	2、608、295（估计）	97、942	3.8
湖南	3、150、121（估计）	588、151	18.7
四川	4、799、228（估计）	187、063	18.2
云南	1、382、123（估计）	186、781	13.5
广东	3、242、673（估计）	401、426	12.4
山东	3、804、523	394、951	10.4
山西	1、222、816（估计）	799、977	65.4
上海	150、010（估计）	94、762	63.1
天津	138、875（估计）	16、262	11.7
北平	143、611（估计）	23、752	16.5
汉口	61、617（估计）	8、959	14.5
青岛	34、982	11、198	32.0
河南	2、741、621	576、927	21.1
河北	2、840、726（估计）	712、882	25.1
辽宁	1、756、000	548、649	31.2
吉林	263、763（估计）	116、040	44.0
黑龙江	372、474（估计）	67、072	12.6
热河	659、344（估计）	26、385	4.0
察哈尔	210、230	63、500	30.0
新疆	255、174（估计）	3、705	1.4

省市	学龄儿童总数	已入初级小学儿童数	已入初级小学儿童数占学龄儿童数之百分数
宁夏	144、987（估计）	5、735	3.9
东省特别区	500、000（估计）	11、336	2.2
南京	46、456	13、464	28.9
总计	41、441、283	7、118、581	17.1
备注	一、福建广西贵州陕西甘肃绥远西康七省初级小学儿童数因报告不全从略 二、表中估计方法系按照通例以各该省人口总数之十分之一作为该省学龄总数 三、本表系二十一年教育部发表之民国十八年度统计		

这表上入学儿童百分比的低落就是教育机会不平等的铁证。

平民主义的国家，要使全体的民众，不论穷与富，都要有能力为国家尽义务。这样，能力的培养，责任心的训练，唯有乡教运动，能够负得起这责任。因为中国全人口农民占到百分之八十以上啦！

（三）农事的改进——我国农民知识缺乏，就是粗通文理的，也是凤毛麟角；并且他们的性情，富有保守性，以致种植的器具，还使用着我们老祖宗神农氏遗留下来的粗锄。至于种植的方法，只靠着一点儿经验和浓厚的迷信力，一遇到水旱、虫灾，那些乡里大娘，除了到大王庙去祈祷或跪在城隍老爷面前求签，真没有别的方法来挽救的。那里知道用科学的方法，驱除作物的病菌，预防害虫的侵蚀呢！至于种子的选择，气象的测验，农产制造的加精，那更其谈不到了。

乡教运动在中国

（一）宣传时期——我国乡教运动的发端，是在五四运动以后。当时许多教育家，感得以农立国的中国，乡村固塞鄙陋，乡村教育，死气沉沉。于是在报章杂志，披露农村的重要，为立国的基础。乡村教育，为振发乡村的利器，以促教育当局的注意。

（二）实行时期——经过了长时期的宣传以后，国人始渐渐注意及之。大家以为我国农民与国家的关系，非常重要。以理论之，国家对于乡村教育，应特别注重，使农民知识日增，技术日精，农产日丰。但实际上，劳苦的农民，被国家所忽视。知识幼稚，技术腐旧，生活穷困，都没有人问讯的，至民国十二年，乡教运动的实际工作，方才开始。个人方面，如乡教专家赵叔愚、冯锐等，实际调查广东、江苏、北平等乡村，详细统计，以示乡村生活的实际状况，而为施教的南针。团体方面，如中华教育改进社、中华平民教育总会、中华职业教育社、国立东南大学、国立北京高师、南京金陵大学……等，或设立乡村师范学校，或调查乡村社会，或推广农业，或创办乡村小学，或设立乡村改进会。……政府方面，如江苏各省立师范学校设立乡村师范学校，以养成适于乡村生活的小学教师，指导农村教育，改进农村社会的人才。及山东省设立的山东乡村建设研究院，希图辟造正常形态的文明，要使经济上的"富"，政治上的"权"，综操于社会，分操于人人。乡教运动，到这个时期，如火如荼地向前迈进着！就中以中华教育改进社设立的晓壮师范学校，根据中心学校的办法，培养"农夫的身手，科学的头脑，艺术的兴趣，改造社会的精神"的乡教人才，中华平民教育促进会在定县试验的生产教育，以期增加全国的农产量，中华职业教育社试办的徐公桥乡村改进从事于乡村改造的实际工作，及山东乡村建设研究院设有试验县区，乡农学校及农场，以事实做研究的根据，从事训练乡村建设的实际人才，最为著名。

第四节　乡教运动的困难

乡教运动的困难

（一）经济的短少——愚昧充塞了中国的全境，使她不知怎样处理自己和应付当前的复杂环境。假若希望她能够踏入开明的乐园，享受相当的美满生趣，那么教育确是掌着这个乐园的锁键。但在今日行政的实施上，虽认为推广和发展国民教育是件急切而必要的事，如中委陈果夫提出生产教育的主张，经亨颐更提倡须有适应国难的救国教育产生。然而事实的证明，是在下表：（节录二十年度普通岁出总预算表）

科目	经费数（单位元）
党务费	6、240、000
国务费	10、830、972
军务费	279、947、666
外交费	9、634、730
教育文化费	16、794、279
实业费	5、336、380

由上表看去，教育文化费得一六、七九四、二七九元，这个教育数目，我们不敢说怎样渺小，但你看了军务费之庞大绝伦，你便感着教育文化的经费是相形见绌。同时再看一般人民经济，都感到经济的困难，终日辛勤，不得温饱。谋生不遑，那里有空去谈教育呢？六七岁的学龄儿童，就要帮助家庭从事耕作了。

（二）人才的缺乏——乡教运动。非空口说白话，所能成功。必须有干练的人才，穿起芒鞋布袜，提着书本笔砚，荷了锄头镰刀，到乡村去，深入民间，然后乃能见效。但事实告诉吾们，此等人才，实如凤毛麟角，求其能深入乡间，既不易易，何能戴笠荷锄，以身作则呢！在这乡教激进，急不暇择的现代，于是小学毕业者有之，中学毕业者有之，普通师范毕业者有之，甚至冬烘学院，滥竽充数了。这样要期望乡教运动的完成，真是缘木而求鱼了。

（三）传统观念的障碍——乡村人民，因见闻狭隘，往往受传统观念的影响，形成牢不可破的成见。致使教育事实，难以进行。例如欲改进教学方法，而鼓励儿童多作课外的活动，则乡村人民，往往以为乃祖乃父时皆无此办法，多抱反对的态度。即关系自身最切的农业问题，若欲令儿童组织农业竞进团。协助家庭，改进农业，也以为学校无须越俎代庖。最可笑的，学校建筑房屋，开设门窗，也当依照习俗，否则即遭反对。凡此种种，都系受传统观念的魔力，发生出来的阻碍。

（四）无确定的目的——无论什么事，有目的才有方法，有方法才能成功。教育事业，也是如此。教育无目的，或目的游移很是危险。中国数十年来，永无确定的教育目的。其实一国须有一国的教育目的，一地方须有一地方的教育目的，城市有城市的教育目的，乡村有乡村的教育目的。中国不用说，地方的教育目的没有明确的规定，全国的教育目的，都是含混未定。目的是由经验产生的。有种新经验，就产生种新目的。经验是由人应付环境造成的。有一种什么环境，就有一种什么经验。所以规定教育目的，应以适应环境的需要为前提。一国有一国的环境，一地方有一地方的环境，城市有城市的环境，乡村有乡村的环境。所以他们的教育目的，亦不能完全一致。现在受过几年乡村学校教育的人，田地果然不愿意种，其他的职业，却不容易找，于是不是做高等流氓，便做土豪劣绅，甚至于流为土匪、恶棍者。什么公民常识咧！公众道德咧！简直是莫明其妙，这岂不是教育的失败。这种结果，大原因就在乡村教育，没有确定的目的。如问到现在的乡村学校教师，乡村教育的目的是什么？儿童受过乡村教育对社会国家应当有什么态度？于职业应当有什么能力？他们多数一定瞠目不能对。

第五节　乡村教育的改造

经济崩溃与乡教没落

乡教的没落，因为农村经济的崩溃。在这样农村经济崩溃之下的农民，只图生活问题的解决，只图享受最低限度的安全，生活对于教育，当然是抱着漠视的态度，这是事实如此。因为人在生活宽裕的时候，才感觉到知识的恐慌，才感觉到娱乐的享受。中国农民之苦况，已到了没有机会去感觉知识的恐慌，当然对于教育，没有兴趣。对于教育，抱着漠视的态度。结果，学龄儿童，逐渐减少，农村师资，日感缺乏。而教育的重心，就转移到都市里去，教育成为满足特殊阶级的装饰品了。就是原来生长在农村里面的，也羡慕奢华，蔑视农村，离开乡村向城市里跑。于是就培植出一般"吃饭不种稻，穿衣不种棉，做房子不造林"的书呆子；使穷者愈穷，弱者愈弱，因之农村社会，越发陷于不堪收拾的地位了。

资本教育不合农村

实际中国农村学校教育，已经是走错了途径，资本主义国家所行的教育制度和新的试验，不管适合中国农村状况与否，就生吞活剥的抄袭过来。初学东邻日本，继抄新大陆的美国，又学欧洲的法国，试想在农业社会里施行资本主义的教育，这种教育，怎能不为少数人所独占？并且一般农民知识，程度很低浅，封建思想，还是根深蒂固，他们以为读书是求功名富贵，是为特殊阶级所独占，贫农是没有享受的能力。因为有了这两种缘故，中国农村教育，就根本走错了途径。农村教育，不是中国农民所需要的教育了。

乡教的歧途

中国的乡村教育，一味去模仿"洋货"，弄得教育的目的，也不能紧紧地抓住，结果闯进了可怕的歧途。中国农村的教育，是离开了中国农村社会之场地而实施教育的。唯其离开中国农村社会之场地，故不知道中国农村社会，应施那一种教育为合适，那一种教育不合适。因而无论日本式的教育也罢，美国式的教育也罢，法国式的教育也罢，只要是有人能够把它搬运过来，统统是毫无主见的欢迎采取的。但是教育是社会的产品，它是不能一刻离开社会而去独立的。换句话说，有什么社会，才有什么教育。有什么社会环境，才有什么教育的形式。教育的形式，是跟着社会变迁而变迁的。日本的社会，有日本社会不同的环境，就有日本不同的教育的形式。美国的社会，有美国社会不同的环境，就有美国不同的教育形式。法国的社会，有法国社会不同的环境，就有法国不同的教育的形式。试看中国的农村社会怎样？中国农村社会的环境怎样。当然是不能和日、美、法同日而语的。中国农村社会环境既然不能和人家同日而语，而去采取人家教育的形式，来作自己农村社会教育的模型，中国农村教育之路，焉能不大错而特错呢？故在中国所办的农村教育之中，根本找不出中国农人精神的存在。

乡教运动的改造

乡教运动，怎样改造？可以参考陶知行先生做的那篇中国乡村教育之根本改造，约有四大要点：（1）指示教育的生路；（2）施教学做合一的方法；（3）学校的真效率；（4）以教育为乡教运动的中心，兹摘述其大概：

生路是什么？就是建设适合乡村实际生活的活教育。我们要从乡村实际生活，产生活的中心学校，从活的中心学校，产生活的乡村师范，从活的乡村师范，产生活的教师，从活的教师，产生活的学生，活的国民。活的乡村教育，要有活的乡村教师，活的乡村教师，要有农夫的身手，科学的头脑，改造社会的精神。活的乡村教育，要有活的方法，活的方法，就是教学做合一。教的法子，根据学的法子，学的法子，根据做的法子，事怎样做，就怎样学，怎样学，就怎样教。活的乡村教育，要用活的环境，不用死的书本。他要运用环境里的活势力，去发展学生的活本领。——征服自然，改造社会的活本领。他其实要叫学生在征服自然，改造社会上去运用环境的活势力，以培植他自己的活本领。活的乡村教育，要教人生利，他要叫荒山成林，叫瘠地长五谷；他要教农民自立、自治、自卫；他要叫乡村变为西天乐国，村民都变为快乐的活神仙。以后看学校的标准，不是校舍如何，设备如何，乃是学生生活力丰富不丰富？村中荒地都开垦了吗？荒山都造了林吗？村道已四通八达了吗？村中人人都能自食其力吗？村政已经成了村民自有、自享、自治的活动吗？这种活的教育，不是教育界或任何团体单独办得成功的，我们要有一个大规模联合，才能希望成功。那应当联合中之最应当联合的，就是教育与农业携手。中国乡村教育之所以没有实效，是因为教育与农业，都是各干各的，不相闻问。教育没有农业，便成为空洞的教育，分利的教育，消耗的教育，农业没有教育，就失了促进的媒介。……

教育更须与别的伟大势力携手，教育与银行充分联络，就可推翻重利；教育与科学机关充分联络，就可破除迷信；教育与卫生机关充分联络；就可预防疾病；教育与道路工程机关充分联络；就可以改良路政。总之，乡村学校，是今日中国改造乡村生活之唯一可能的中心。

问题（汇总）

（1）乡教运动与农村复兴的关系如何？

（2）试批评行政院经济组复兴纲要。

（3）何谓农事集团化？

（4）农村自治应当如何着手？

（5）试述合作运动的机能？

（6）吾们为什么要提倡合作运动？

（7）合作运动的优点在那里？

（8）略述乡教运动的起因。

（9）略述乡教运动在中国的史实。

（10）乡教运动的困难何在？

（11）乡教运动的歧途何在？

（12）资本主义的教育为什么不合中国的实际情形？

本章参考书目

农村复兴的意见——前途第一卷第九号

农村建设与农村教育——吴江乡师校刊第一期

农村复兴刍议——前途第一卷第九期

农作机械化的社会意义——东方杂志第三十卷第五号

中国乡村教育之根本改造——中国教育改造

乡教运动的起因——乡村教育新论及申报年鉴十五页

中国农村建设论——河南教育月刊第二卷第八期

中国之乡教运动——乡村教育新论第三章

十五年来乡村教育运动小史——乡村教育大华书局

乡村教育之困难及其救济之方法——村治第一卷第八期

农村经济崩溃下之中国农村教育——河南教育月刊第二卷第八期

论中国农村教育改造之路——河南教育月刊第二卷第八期

合作原理——中国合作学社

第六章　乡教运动与学校教育（上）

第一节　乡村中心小学校

我们深信中国的基础，是建筑在全国乡村上。而乡村的改造，是靠着教育的力量。我们要建设中国新农村，不是空言可以成功的，也不是一时可以做到的，须要靠着乡教运动的中心力量，继续不断的努力，才达到新农村的建设。从这章起，就要开始讨论以乡教为中心的农村建设的实际了。先将陶知行先生撰定的"我们的信条"，做讨论乡村中心小学校实施的先导。

我们的信条

我们深信教育是国家万年根本大计。

我们深信生活是教育的中心。

我们深信健康是生活的出发点，也就是教育的出发点。

我们深信教育应当培植生活力，使学生向上长。

我们深信教育应当把环境的阻力，化为助力。

我们深信教法学法做法合一。

我们深信师生共生活共甘苦为最好的教育。

我们深信教师应当以身作则。

我们深信教师必须学而不厌，才能诲人不倦。

我们深信教师应当运用困难，以发展思想及奋斗精神。

我们深信教师应当做人民的朋友。

我们深信乡村学校，应当做改造乡村生活的中心。

我们深信乡村教师，应当做改造乡村生活的灵魂。

我们深信乡村教师，必须有农夫的身手，科学的头脑，改造社会的精神。

我们深信乡村教师，应当用科学的方法，去征服自然，美术的观念，去改造社会。

我们深信乡村教师，要用最少的经费，办理最好的教育。

我们深信最高尚的精神，是人生无价之宝，非金钱所能买得来，就不必靠金钱而后振作，尤不可因钱少而推诿。

我们深信如果全国教师对于儿童教育，都有"鞠躬尽瘁，死而后已"的决心，必能为我们民族创造一个伟大的新生命。

兹将乡村中心小学的目标、校舍、设备、课程、编制和训练等，分述于后：

（甲）乡村中心小学的目标

（1）发展民族主义的精神，阐扬民族固有的美德。

（2）使儿童有农村日常生活社会科学常识，觉悟农村社会现象的危急，而感到农村社会实有急谋改造之必要。

（3）使儿童有农村日常生活之自然科学的常识，明了自然现象的变化，而应用到生产关系上面，去征服自然。

（4）使儿童就地获得生产关系的普通常识与生产工作实际技能。

（5）使儿童获得劳动关系的知识，实际劳动的习惯，培养尊重农工，愿意做农工的正当观念。

（6）使儿童就学校之各种团体活动中，获得组织与运用的能力，明了参与社会的普通知识，以为各种农村组织的准备。

（7）培养儿童正当娱乐的习惯，审美的兴趣，使其利用休闲时间，作正当的消遣。

（乙）乡村中心小学校舍

在经济衰落的中国农村，小学校校舍，十之八九，大多借用家祠、古庙及民屋，能特建的，数量很少。兹将特建的与借用的校舍，分述之：

（一）特建的校舍——特建的校舍，须合下列几个标准：

（1）健康的标准

（A）采光——采光须由教室的左方，（或由左后方）的窗牖。窗牖的大小，至少须占地板面积五分之一。窗槛必须超越最大儿童视线之上。外光从肩旁下来，最为适应。倘光不足或方向不对，高低不合儿童，则视力容易受伤。

（B）通气——空气务求流通，清者进而浊者出。利用电力通气，方法果佳，但不适于经费支绌的乡村学校。专依开窗通气，又恐当坐的儿童，容易伤风受寒。故以开小孔天窗，或大窗顶上之横小窗，最为适宜。既可终日开启，又能免除危险。

（C）避湿——地方低湿与沟渠塞滞，最有害于卫生。故校舍当建筑于高亢的地方。

（2）教育的标准

（A）各种房屋的建筑，须适合教学上的需要。

（B）房屋建筑的计划，须注意社会的需要，俾便于社会的活动。

（3）经济的标准

（A）各种房屋，宜充分利用，如校中教室，日间为儿童学习的场所，夜间可为民众读书的所在。会堂既可供儿童的集会，又可为社会中心活动的所在。

（B）尽量减少浪费的地方。

（4）建筑的标准

（A）校舍的方向——以面南为最佳，面东南的次之，面西南的又次之。日光温热，既须十分充足，而光线又不可直射，故正东正西，皆不合宜。

（B）校舍的式样——校舍建筑，以平房为最佳，万不得已，亦可用楼房。惟层次不宜过多，以免颠坠火灾等危险。

（C）校舍的建筑——校舍须质料坚固，以免倾圮。外观堂皇而美丽，室内宜铺地板。离地之高以二尺为度。下面当薄铺砂砾，四面更设透风之穴，以防潮湿。

（D）校舍的分配——凡直接为教学上应用者，如教室、图书室等，面积宜大。间接用者，如办事室、教员室等，不妨略小。

（E）教室的容量——普通以容四十人为宜，每人平均占十五方呎地面，占二百立方呎空气，故长以三十呎为度，宽以二十二呎为度，高以十二呎为度。室内桌椅，分五行，每行八列，合计四十人。

（F）教室的墙壁——教室内的墙壁，颜色以淡黄、蛋白、淡青等为最宜。墙的表面，宜涂以耐洗刷之料。天花板可用白色，地板则以淡褐色为佳。

（G）教室的门——通常宜设二门，门扇宜向外开，以免危急时的逃避。门以平木板造成的为佳。即有时镶嵌玻璃，亦不宜大，以免打破之虞，且不宜用有色玻璃。

（H）教育的窗——窗为通气透光用的，故建造宜力求完善。其面积普通以占地板面积四分之一至五分之一为佳，且宜设于学生座位的左边，决不可在右方或前方，致妨视线。窗之下框离地板约高三呎，上框以愈接近天花板为愈佳。两窗之间，亦以接近为妙。惟靠黑板之一窗，离墙壁宜略远，（约六呎）以免光线之反射。窗框之玻璃块宜小，免致容易打破；且不宜有颜色。各窗上宜设窗帘，以便调节光线之强弱。其质料以麻织物为宜，颜色则以深灰或浅绿为佳。

（I）集会堂——乡村小学，如欲成为社会的中心机关，则公众集会堂实不可少，但因经济关系，建造独立之集会堂，殊为不易。故宜利用教室，以作公众集会之所。其法即将两教室中间之墙，改用活动的木屏。建造精密，可于必要时移去之，作为公众集会堂，既省经费，又极便利。

（二）借用的校舍——借用的房屋，大多不适，须进行改造修理，以求适合。改造时须注意下列数点：

（1）添设窗牖，使光线充足，空气流通。

（2）粉刷墙壁，油漆壁柱。

（3）神龛偶像，障以布幕，布置些礼堂装饰。

（4）整理学校附近的四周，使其道路清洁，以便来往。

（5）栽植花木，点缀校景。

（丙）乡村中心小学校的设备

学校设备，为实施教育的工具，与教育成绩的优劣，关系很大的。乡村小学，都以经济困难，因陋就简，敷衍从事。这样的学校，纵有聪明睿智的教师，也不能办出优良的成绩来！

兹参酌前江苏乡村小学组织及课程讨论会规定的乡村单级小学最低限度的标准，加以讨论如下：

（一）校地校舍操场校园农场标准

（1）校地——设校地点，须以各村落的中心点，以便四界儿童的上学，面积须在三亩以上。

（2）校舍——以特建为宜，不得已时，方可借用庙宇与民房等。但须注意于上述的健康标准。

（3）操场——须有相当的面积，以便儿童游息。

（4）校园——校中隙地，均可栽植观赏及实用植物。一则点缀校景；一则供教学之用。

（5）农场——就可能范围内，设法布置栽植蔬菜豆麦等，以备教学时的试验与实习。

（二）校具标准

校牌一、校印一、国党旗一幅、校旗一面、时辰钟一、课铃一、方桌二、靠背椅六、长凳八、床铺一付、教师预备桌一、书厨一、成绩架一、灯一、痰盂一、浴盆一、茶杯十只、茶壶一把、丁字尺一、直线笔一、圆规一、三角板一、米突尺一、脸盆架一。

（三）教具标准

大黑板一、小黑板四、讲桌一、课桌四十只、课椅四十只、计算器一、毛算盘一、风琴一（可用其他乐器代之）、寒暑表一、黑板刷一、注水壶一、叫子一、什物柜一。

说明：

（A）课桌高低的标准

（1）课桌不能太低，以免儿童工作时的耸肩曲背。

（2）课桌不能太高，以免儿童工作时的悬臂坍肩。

（3）课桌高度适宜时，儿童工作时背脊能紧靠椅背，手臂与桌面平行，高低尺寸如下：

课桌的尺度（尺为单位）

年岁	七——八	九——十	十一——十二	十三——十四
高	1.55	1.70	1.85	2.00
宽	1.20	1.20	1.20	1.20
长	1.90	1.90	1.90	1.90

（B）课椅高低的标准

（1）课椅不能太高，以免儿童坐时，两脚高悬，膝头往下。

（2）课椅不能太低，以免坐时的双膝高耸，腹部紧迫。

（3）课椅高低适度时，坐的时候，脚跟着地，背部紧靠椅背，膝头向前，恰与地板成平行。高低尺寸，大抵如下：

课椅的尺度（尺为单位）

年岁	七——八	九——十	十一——十二	十三——十四
高	0.85	0.93	1.01	1.09
宽	0.85	0.90	0.95	1.00
长	1.40	1.40	1.40	1.40
靠背高	0.70	0.77	0.84	0.91

（C）黑板的标准

黑板质地，以石板为宜，宽从三尺六到四尺二为度，距地高度，宜以年级分如下：

年级	一——二	三——四	五——六
高度（寸）	24	26	28

（四）农具标准

铁锄二十把、铁锹二十把、扁担二根、粪桶一付、粪勺一、铲子二、钯子二、修树剪一。

（五）工具标准

斧头二、锯子五、钳子二、铇子十、凿子二、手工刀十、铁锤一、螺丝刀一。

（六）理化用品标准

小学简易理化器械全套（民众学院出品）、花盆五十只、玻璃杯四、植物标本夹一、捕虫网五、毒瓶三。

（七）图书标准

图书设备标准，可用经济的数量来定图书的选择。最好由教育局负责，以其适用。或联络许多乡校，组织读物审查委员会，从事选择，更觉妥帖。

（八）烹饪用具标准

小煤炉一只、小炭炉一只、小锅一只、蒸架一架、铲刀两把、菜刀一把、水缸一只、饭碗二只、筷五双、菜碗五只、水桶两只、菜篮一只、水勺一把、碟四只、米箕一只、切菜板一块、汤匙两把、米柜一只，筷笼一只。

（九）体育及游戏用具标准

名称	件数	备注
沙坑	1	
跳高架	1	
英尺	1	可自制
小橡皮球	2	
台球	1	台板可自制

名称	件数	备注
海浪	1	海浪系利用两树联以绳索若干根儿童玩时上下波动如海浪故名见徐公桥中心小学游戏设备
陆军棋海军棋小学生象棋等	每种一件	可自制

（丁）乡村中心小学的编制

学级的编制与教学的效率，有密切的关系。编制的原则，以时间的经济，教学的便利及效率的增大为原则。学级编制的种类，大致可分为两种：一是内部的区分，一是外部的区分。有能力别、男女别、年龄别、体格别、地方别……等数种。外部的区分，不外单式和复式二种。以一学年为一学级，叫做单式，学级以两学年或两学年以上合为一学级，叫做复式学级。凡全校只有一个教室，并无第二个教室和学级组织的，叫做单级小学。全校学生，编成两个以上的学级，分配在各学习室内，由各教员指导的，叫做多级小学校。兹将编制方法，分述如下：

（A）单级编制

将全校年龄各异、程度不齐的儿童，编为一学级，由一教师担任教学，叫做单级编制。在乡村小学经费支绌，师资缺乏，校舍狭小，大多施用这种编制。

单级编制，教学颇难。教师须顺应儿童的心理，分别教授。一方固使儿童无枯坐之病，而别方尤须调节儿童的疲劳。

单级编制，又有大小之别，编法如下：

a. 小单级编制——一、二、三、四学年

b. 大单级编制——一、二、三、四、五、六学年

（B）二部编制

二部编制，就是一个教师，同时教授两个学级。一面是由教师直接教授，一面是由儿童自动作业。他的方式，有下列种种：

a. 全日式二部编制

二学级二教员（一为正教员，一为助教员）

二学级一教员

三学级二教员

b. 半日式二部编制有下列两种方式

级别	上午	下午
一二学年	直接教授	自动作业
三四学年	自动作业	直接教授

级别	上午	下午
一二学年	在校上课	在家
三四学年	在家	在校上课

（C）半日编制

与二部编制，无大差别。唯其不限于二部教学，且可用于巡回教师之制。一教师可任两校教学，上午在甲校，下午可赴乙校。

（D）间日编制

间日上课，一教师可担任两个地方的教学。这样学生既可读书，又可助理家务。

（E）季节编制

季节编制，每年仅于一定的季节中，开校上课。普通于冬季收获完毕始，至明年开始播种时止。

（F）活动编制

乡村农民，在农忙的时候，除自己操作外，须令儿女帮忙工作。就在平时，一般穷困的农家，也要想尽方法，叫儿童生产，去解决他们最重要的生活问题。乡村小学，能采取活动编制，将全校儿童分成全日、半日、时间三组，轮流上学。这样，既能解决儿童协助生产的问题，又能使他们有求学的机会。半日制自上午八时至十时五十分为教学时间，全日制的，年龄幼稚，晨间多户外自由活动，十点起在室内工作，时间制可在晚上七点半开始。各组如此轮流交替，毫无冲突。徐公桥中心小学区观澜小学系试行此制，各组生活表如下：

固定生活（半日组时间组）

时间 曜	半 时	上午 8.00—8.50 下午 7.30—8.20	上午 9.00—9.50 下午 8.20—9.10	上午 10.00—10.50 下午 9.10—10.00
月		识字	算术	党义
火		识字	算术	常识
水		识字	算术	常识
木		识字	算术	常识
金		识字	算术	常识
土		识字	算术	常识

生活顺序表（全日组）

户外自由活动	开早会（唱早会歌请安歌检查清洁）	写字	常识或设计活动	午膳	算术	游戏表演或谈话	读书	唱歌	图画手工或出游	放学
9：00—9：50	9：50—10：00	10：00—10：30	11：00—11：30			1：20—2：00	2：20—3：00		3：20—4：00	

（戊）乡村中心小学的课程

小学课程组成的标准有二：

（A）社会的需要；（B）儿童的兴趣。那末乡村小学的课程组成的标准，当以激起乡村儿童的能力，去适应乡村社会的需要为鹄的。

因此，我们编制课程时，应以乡村社会生活的现象背景，乡村儿童的生活为主体。将乡村社会过去的经验和乡村儿童现在的活动，先加以详细的调查。何种习惯，应行养成。那种技能，应该训练。何种观念，应该改正。那种精神，应该保存。总合起来，定为具体的目标，作为选材的标准。选材的标准，既然定出，就可以依照标准去实行选择教材。教材选好后，汇集起来，比较其价值，按其性质，分别使之归纳于各科目之中。然后再加以测验审定的手续。这样编制课程的工作，才能了结。

兹将傅葆琛博士的乡村小学课程，应守的十一条原则，全录于后，以供编制乡村小学课程的参考：

（1）课程编制的，必须娴熟乡村地方的情形、源流及需要，认明乡村环境的特质，视察儿童的经验和活动，以作编制课程的根据，而便激起儿童教育上的兴趣，俾得尽量发展其个性。

（2）课程编制的，当了解小学的目的，在于社会公民的基础教育，并给予各个分子继续发展的机会。乡村儿童，也有基本技能的需要，与领受社会遗传的权能；故在试编课程之先，当有基本教育目的之厘定，与夫各科各级小目的之规划。而此种种目的，亦当明示教师，使求有合此目的之学业、习惯、态度、技能。

（3）课程编制的，当探求乡村儿童生活上的优长与缺陷。课程的编制，当谋所以发挥其优长，而弥补其缺陷；最要是本其校外经验与生活环境。

（4）课程编制的，当竭力求乡村与城市人关系之增进，并鼓励其互相尊敬，互相了解，使彼此欣赏其问题而明白其需要。故课程外应当常有城乡人亲密的结合。

（5）课程编制的，选择乡村小学课程的内容，当求其有最大之社会价值与合乎乡村儿童的兴趣，而可以为其个别发展的导线。

（6）课程编制的，组织乡村小学，课程中的材料，务在易收乡村学校教育上的效率。故课程当富有弹性，可以伸缩。然后教师得有余地，以利用地方本源，指出切要问题，编组新的课程，而为儿童创造教育的经验。

（7）课程编制的，当于乡村小学课程中，多有暗示，以助教师之解决。其教室的实际问题，而促其尽量采用各种有效方法。

（8）课程编制的，当特别注重数科如卫生、园艺、读物，此三者为中国现在乡村所必需的。

（9）课程编制的，须知中国乡村小学组织上特别困难问题，而对于循环组织，混合组织，与夫分组代班之种种组织，亦须多多建议。至各科之相关可能度数，又应明白指出。

（10）课程编制的，预备乡村小学课程时，不仅注意教师职业的态度，且应顾及时间之分配，与夫学校之组织管理。

（11）课程编制的，当明课程编制之需要的步骤，与夫编制课程的人才，及其职分与责任之必应如何。此外更当有适宜之准备，以期改进课程。

兹凭作者经验所得，拟就课程大纲，以供实施的参考：

甲．课程大纲

（A）公民活动

（1）公民常识——三民主义大要，农民运动简史，农工政策，农会组织"耕者有其田"的真义……等。

（2）乡土政治——家庭的组织，户口的调查，地方自治的组织，租税的完纳……等。

（3）乡土交通——公路的修筑，桥梁的修建，河道的疏濬，轮船的往来，邮政的组织……等。

（4）乡土历史——名人传记和轶事，风俗与传说，生活的改善，制度的变迁……等。

（B）学术活动

（1）国语——（Ⅰ）适合于农村生活的文艺如诗歌、故事、笑话、童话、歌谣、寓言、传记……等。（Ⅱ）乡村日常的应用文如信札、契约、便条、婚丧喜庆的帖式……等。

（2）算术——农村日常生活的应用，农村调查统计，物质调查计算，田亩面积测量计算……等。

（3）乡土自然——自然现象的变化，植物的生长作用，土壤的分别，地势的研究……等。

（C）职业活动

（1）乡土农艺——耕种的方法，施肥的手术，病虫害的预防，丝茶的研究……等。

（2）工用艺术——缝纫的练习，烹调的实习，简单农具的制作。

（3）乡土经济——合作社的创设，权度的研究，押米的练习……等。

（D）健康活动

（1）乡土卫生——饮食的卫生，清洁运动的举行，医药的设备……等。

（2）乡土体育——运动的锻炼，国术的比赛，竞技的比赛，游泳的练习……等。

（E）休闲活动

（1）乡土娱乐——改良的田歌，佳节的庆祝，戏剧的表演……等。

（2）形象艺术——自然风景的写法，劳动化美术的绘画……等。

（3）乡土音乐——赞美劳动者的歌词，革命歌词的吟唱……等。

乙．课程排列

（Ⅰ）实例

（1）二组制的异教科教材的小单级底课程表实例：

时间／科目／年级／曜日	9时—10时	10时—10时15分	10时15分—10时45分	10时45分—11时10分	11时10分—11时30分	11时30分—12时	12时—1时	1时0分—2时30分	2时30分—2时50分	2时50分—3时20分	3时20分—3时50分—
月	一二三四 算读30 读算30		形30			常阅30		写20 阅20 常40 语20		音30	
火	一二三四 算读30 读算30	休	工30	健身	休	常写30	午	写20 阅20 常40 语20	休	珠游30	自由
水	一二三四 算读30 读算30		形30			常阅30		写20 阅20 常40 语20		音30	
木	一二三四 算读30 读算30		工30			常写30		写20 阅20 常40 语20		游珠30	
金	一二三四 算读30 读算30	息	形30	操（替代体育）	息	常阅30	膳	写20 阅20 常40 语20	息	音30	作业（一二年早退）
土	一二三四 算读30 读算30		工30			常写30		写20 阅20 常40 语20		周会	

（2）大单级的课程表实例：

时间 课程 曜	30分	30分	30分	30分	30分	30分	30分	30分	30分
月	总理纪念周晨会及朝体操	一二三四五算常读	一二三四五艺算社	一二三四五读写工	一二三四五常读算	一二三四五读工写	体育合	三四五读珠	五自然
火		同上	同上	一二三四五读写美	同上	一二三四五读美写	体育合	三四五珠读	五自然
水		同上	同上	一二三四五读作工	同上	一二三四五读工作	音乐合	三四五读阅	五党义
木		一二三四五算常读	一二三四五艺算社	一二三四五读写美	一二三四五常读算	一二三四五读美写	体育合	三四五阅读	五自然
金		同上	同上	一二三四五读写工	同上	一二三四五读工写	体育合	三四五读珠	五自然
土		同上	同上	一二三四五读作美	同上	一二三四五读作美	音乐合	三四五珠读	五自然

（末列"级会及自由作业"纵贯各行）

（Ⅱ）生活化的课程排列如下表：

土金木水火月	洒扫整理	太阳浴	健康活动	集会	学术活动	纪念周公民训练	自由活动	学术活动	劳作活动	休闲活动	自由活动	日记	（A）学术活动包括常识（高级为社会卫生）国语算术等（B）健康活动包括体育及儿童训练（C）劳作活动包括工艺农事（D）休闲活动包括美术音乐（E）自由活动包括儿童自治活动及自由学习（F）太阳浴阴雨天停止举行（G）集会系学术活动的设计讨论
曜活动分数时间	20	10	30	60		20	40	60	45	30	30		
	7：30—7：50	8：00—8：10	8：10—8：40	8：50—9：50		10：00—10：20	10：30—11：10	1：00—2：00	2：15—3：00	3：20—3：50	4：00—4：30		
	上午						下午						

（己）乡村中心小学的教学法

乡村中的小学，采取的教学方法，大概用班级教学制。兹将通行的教学法，略述如下：

（1）启发式——启发式的教学法，要利用各种外感去刺激，要辅助儿童的思考，使其自行发见事理，求得真切的知识。

（2）演讲式——这演讲的教学式，在中国的教育园地里，占到很大的势力和广博的范围。他的好处，能够叙明事物的意义，使儿童易于领会了解。但是用得不慎，往往要变成高度的注入式，为害很大。

（3）问答式——此式采用的也是很多的，他的价值，能激发儿童的思考，而振起自发的活动力，并能锻炼儿童的发表能力。

以上三种教学法，集程度相同的儿童于一个团体内合作，可为社会的活动，因而领略社会的意义。惟现今一般乡村小学校中，以班级太多，指导时间的缺乏，往往困难百出，弊端丛生。解救的方法，只有打破班级制，实行新教学法，兹介绍于下：

（一）设计教学法——设计法是以儿童的心理为根据，儿童的活动为中心，教师不过站在辅导的地位。凡有活动，先由儿童自行设计，寻适宜的方法，求其实现。当儿童在计划及实行的时候，常于实际活动中，发生种种问题。因此问题的观察与解决，儿童就能获得种种的知识。这种有系统的活动，有一定的目的。然而自行计划，以求目的的实现。这种自行计划，以求达到目的之活动，自然会努力去工作。工作后得到一种圆满的结果，于是发生快感，由快感而又发生学习的动机，如是循环不已，活动的兴趣益然了。再儿童在设计活动的前后，能考量进行的步骤，故所得的知识，都能真实而与实际生活相适应的。

（二）道尔顿制——道尔顿制是美国人巴克赫司特（Parkhurst）女士所创的。这个教学法，有两个特点如下：

（1）废除班级教学制——班级制的教学，教材和教学时间，都由学校规定的。儿童绝无活动伸缩的自由。对于儿童的天赋与个性，更不能一一适合了。道制能将教室变为各科研究室，儿童欲学习某科，即至某科研究室里自由研究。依着儿童的个性与天赋，自由向上发展。

（2）废除授课时间表——叫活泼泼的儿童，按着死板板的时间表活动着，总觉得勉强而呆板，并且不适合儿童的心理。道制就将钟点制易为包工制，分一学期为几个学月，一学月为四学周，每学月中，各科应习的功课，先由教师指定范围，使儿童自由研究。随儿童的兴趣，自定其研究的时间。随其天资的高下，伸缩儿童研究的时日。所以施行道制的，可使儿童的学习自由。因学习的自由，对于活动作业，就能自行负责，养成儿童自学的能力。并且学习的材料，能够适应各个儿童的学习能力。因此上智与下愚，永没有互相牵制的毛病了。

（三）生活分团制——生活分团制的教学，为美国约翰逊（John - son）女士在一乡村小学所发明者。其法不严分年级，只将年龄相近的儿童，组织为若干团。女士叫他生活团。各团复分为若干组，惟不限定年龄，尽可以相隔一二年级的，同在一处工作。教学不分科目，完全采用设计法。以人生不可或缺之事，任儿童学习，不必有固定时间表。各团中儿童或行共同作业，或行个别作业，皆可自由。有时或数人合作，有时或各组分工，全视需要而定。此种办法，不特可免除升级留级之繁难，且可养成互助合作之习惯。惟实行此制时，当先规定毕业程度的标准，以免程度的参差。

（四）教学做合一——教学做是一件事，不是三件事。我们要在做上教，在做上学。在做上教的是先生，在做上学的是学生。从先生对学生的关系说，做便是教，从学生对先生的关系说，做便是学。先生拿做来教，乃是真教，学生拿做来学，方是实学。不在做上用工夫，教固不成为教，学也不成为学。从广义的教育观看，先生与学生并没有严格的区别。实际上如果破除成见，六十岁的老翁可以跟六岁的儿童学好些事情。会的教人，不会的跟人学，是我们不知不觉中天天有的现象。因此，教学做是合一的。因为一个活动对事说是做；对己说是学；对人说是教。比如种田这件事是要在田里做的，便须在田里学，在田里教，游水也是如此，游水是在水里做的事，便须在水里学，在水里教。再进一步说，关于种稻的讲解，不是为讲解而讲解，乃是为种稻而讲解。关于种稻的看书，不是为看书而看书，乃是为种稻而看书。想把种稻教得好，要讲什么话，就讲什么话，要看什么书，就看什么书。我们不能说种稻是做，看书是学，讲解是教。为种稻而讲解，讲解也是做；为种稻而看书，看书也是做；这是种稻的教学做合一。一切生活的教学做，都要如此，方为一贯。否则教自教，学自学，连做也不是真做了，所以做是学的中心，也就是教的中心。

（庚）乡村中心小学的训练

自儿童心理研究昌盛以来，一般教师，对于学校训练观念，也因之而一变。如前此视儿童为被动，故训练多主消极的约束。现在视儿童能自动，故训练多用积极的鼓励和生活的指导。

兹将作者编著的儿童生活指导的理论与实际（上海儿童书局出版）摘录于后：

（1）生活化的意味——现在的教育园地里，生活与教育，处于分离的非常状态之下。觉得教育的全部，失其活气。故教育与生活，理当结合。教育占着生活的全部，所以全部的教育，应具有生活化的意味。教育以生活为其对象，生活指导就是使儿童现在的生活，无限量的向上发展。所以生活不应离开教育，而教育也不能离开生活。现在病态的儿童自治，活动远离了生活，生产也不能做活动的中心。无怪儿童自治，反形不活动，而充满着机械化的意味。

（2）生活指导的领域——生活的领域，在时间方面讲，有过去现在和将来三位一体的生活；在空闲方面讲，有家庭、学校、社会三位一体的关系。儿童过去的生活，就是家庭；现在的生活是学校；将来的生活是社会。所以儿童整个生活活动中，生活指导重要的领域，要联络过去的家庭生活，充实现在的学校生活，发展将来的社会生活。但是现在的学校与家庭离异，和社会隔绝，这种无根据不切实的教育，怎样叫他有活气呢？

（3）生活指导的五项活动：

（A）公民活动——要指导儿童修养品性，练习服务，从团体的生活中，获得做良好公民习惯和能力。

（B）学术活动——要指导儿童，获得学习上的技术和能力，谋学业上的进步。

（C）职业活动——要指导儿童，对于农事的技能、学理、能应用而施行，以谋农业的改造。

（D）健康活动——要指导儿童，从事体格的锻炼，卫生习惯之实践，俾得享受健康的乐趣。

（E）休闲活动——要指导儿童，得到正当的休闲生活，俾得充分利用其休闲时间。

教育即生活，生活即教育。所以指导儿童的生活，应当注意下列数事：

（1）吾们要使儿童跟着他们的生活，达到他们各人自己的成就。吾们不主张用手段去教儿童，也不愿用方术去骗儿童。

（2）吾们相信教育占着生活的全部，所以吾们指导者要深深的加入儿童活动的中间，尽量的指导，力谋儿童生活的充实和发展。吾们不愿站在儿童活动的前方、后面、侧旁，去做着领导、指挥、督促的工作。

（3）吾们要用亲爱的精神，火一般的热诚，在活动中去指导儿童。吾们不愿板着审判官的面孔，装着假仁假义的态度，去欺骗儿童。

（4）我们要师生同甘苦，以身作则，去养成儿童"知行合一"的行为。

问题（汇总）

（1）试述校舍特建的标准？

（2）何谓单级？

（3）单级应当如何编制？

（4）略述二部的编制。

（5）计划一张单级学校的课程表。

（6）乡村小学的国语材料，应如何选择？

（7）乡村小学的休闲活动，应如何教学？

（8）计划一个乡村小学过新年的设计单元。

（9）略叙生活指导的领域。

（10）诚述五项活动的理论根据。

本章参考书目

我们的信条——中国教育改造

论中国农村教育改造之路——河南教学月刊第二卷第八期

乡村小学校之建筑与设备——乡村教育（商务）

乡村小学校舍——乡村教育新论（民智）

乡村小学之设备——乡村教育新论（民智）

学校编制——复式教学法（世界）

乡村小学之编制——乡村教学新论（民智）

乡村学校之组织与编制——乡村教育（商务）

观澜义务教育试验学校报告——江苏省第六区地方教育特刊

乡村小学课程——乡村教育（商务）

乡村小学应有的校具设备——乡村小学教师须知（儿童）

儿童生活指导的理论与实际，第三章——（儿童书局）

第七章　乡教运动与学校教育（下）

第二节　乡村师范学校

乡村师范学校——乡村师范教育，是培植乡村全民教育的师资，以增进乡村全民的知能，而为促进整个乡村社会改造的中心人物。现在有许多的乡村师范，变成了知识贩卖的场所。所以造就出来的学生，不足以适应乡村社会改造的需要。弊害最显著的，就是乡教的设施与农民生活的实际，相隔太远。前年南京的国民会议关于确定教育实施之趋向，议决案云："中国目前之教育，无论在数量上与质量上，均不足以适应国家之需要。而弊害之最显著者，尤莫如教育设施与国民实际生活不相应。以致未受教育者，尚能秉其家庭社会递相传习之知能、道德，各自安于艰苦之生活。而既受教育者，则知识技能之修养，既不能熟，性行气质，又往往涉于浮夸与游惰，驯至学校多一毕业之学生，社会即增加一失业之分子，家庭即少一有用之子弟。诟病交起，弊害丛生。及此不为适当之矫正，将见教育愈普及而公私生活所受之祸害愈广。……"

过去的错误

兹将办理乡师过去的错误，汇集各专家的意见，略述于后：

（A）太重劳心的陶冶而轻劳力的训练——许多农家子弟，每每因受了几年教育，遂不惯乡村生活。毕业后，群思钻入城市，图谋位置。这种教人离开乡村生活的教育，不是办教育者一大罪过吗？并且乡村师范，虽有农业课程，农场设备，理论尽管高深，而实际上万万不如老农。一经受了教育，仿佛变成特殊阶级，不屑再从事田间工作。这种专读死书，注重心的陶冶，是不合于实际的。以劳力过活的乡村生活。因此，许多身体强壮的青年，读了几年书后，变为文质彬彬的书生。以致回到乡间，除教书而外，什么工作都不能做。

（B）课程不合乡村社会的需要——现在乡师毕业出来的学生，一踏进社会，就觉所学非所用，所用非所学的痛苦了。推究原因，都因学校所订的课程，未能应合乡村社会的需要。或偏于用脑而忽视劳作，或偏于理论而忽视实行，或侧重记忆无补于职业，或崇尚新奇不切于生活，或以支配不均轻重互见，或以学习不专空泛难成。因此，乡校毕业出来的学生，只能消费，不能生产。农工的子弟，以食于人为荣，而不以能养人为乐。惯尚浮夸，鄙夷劳动。一知半解，徒资谈助。立命安身，实乏技能。这样的教育，普及之时，就是全民失业之日，危险之甚，孰有过此。

（C）训练松懈纪律废弛——现在学生风纪的败坏，与夫心理的恶劣，在在表现学校训练的失败。而其影响于社会国家的生存很大。今日国人之好为纷乱，遇事贪污，使政治日替，民生日苦者，未始非种因于昔日学校训练学的错误。学校教育，学生非仅增进知识与技能，并且要陶冶其气质，高尚其志趣，强健其体魄，俾使在学校为好学生，入社会为好国民。但是现在的乡校，大多训练松懈，纪律废弛，风潮起伏，视为寻常。以学养性之地，几成纵横捭阖之场。这种学生，欲以训练人民，领导社会，组织农村，改良农事，当然要南辕北辙了。

以上乡师的缺点，希望在最短期间，能够扫除尽净。使乡师的毕业生，个个能够有农夫的身手，科学的头脑和改造社会的精神。他们足迹所至，能使学校为社会活动的中心，能使农业的技能改造，农产的数量增加；又能使乡村的组织健全，自治告成。总之，以后乡村师范所负的使命，要从适合乡村实际生活的活教育中，来造就真正的干乡教运动的中心人物。

（甲）乡村师范学校的目标

上面已经谈及乡村师范的教育，要以适合乡村社会的需要上建立起来。乡村社会的需要，是什么呢？吾们可以在乡村社会的现状之内，来解决这个需要的问题，这是大家可知道的。中国农村社会，是一个完全以农业为主的小农经营制度的社会，是一个农业生产力极其薄弱的社会，是一个极其混乱的社会，是一个生活极感困难的社会，是一个文化极其落后的社会。中国农村社会环境，既然如此，而我们要适应这种环境的教育，应当建筑在现时实际的基础之上。所以乡村师范的目标应当：

（A）养成学生有农夫的身手——勤劳的习惯，强健的体魄，习惯过农夫的生活，新式农夫的知识与技能等。

（B）培养学生有科学的头脑——研究科学的兴趣，发现和解决问题的能力，做事有计划，有组织，思想敏捷等。

（C）培养学生艺术的兴趣——能利用自然，建造优美的环境，能欣赏自然之美，爱好田园生活，爱好田园风景等。

（D）培养学生优美的习惯——有亲爱精诚的态度，行动有纪律，遵守时间，待人有礼貌，注意个人及公共卫生等。

（E）培养学生改造社会的精神——确定个人信仰，儿童的导师，社会的领袖，能任劳任怨，做事有毅力，能有牺牲精神等。

（乙）乡村师范学校的组织

乡村师范学校，要培植乡村全民教育的师资。不单是小学教师，就是幼稚园的保姆，与民众教育机关的服务人员，也要同时培植。所以乡村师范学校的组织，有根本改造的必要。兹将陈大白先生对于乡村师范教育的根本改造，摘录于后：

（A）幼稚师范院所培植的师资——是乡村幼稚园的保姆，是乡村幼儿的慈母。关于园内幼儿的身心发展与知能增进，端赖其去教导去保健。使乡村幼儿，得健全的发育。同时幼稚园保姆，又是乡村社会幼儿的保护者，幼儿父母的良伴。举办儿童社会教育事业，提倡儿童幸福运动，使全乡村的幼儿，都在教育熏陶之中。

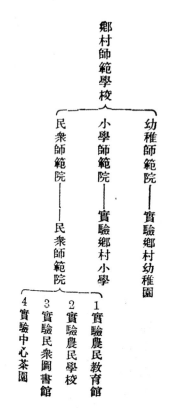

（B）小学师范院所培植的师资——是乡村学校儿童的指导者，是乡村学校的灵魂，学校里的新理想，新方法，都赖他去试验，去应用。并改进教学、管理、行政等的设施，使乡村儿童，获得完满的学校教育。同时乡村小学教师，又是社会的指导者。公开学校设备，协办民教事业。并与社会慈善、农民经济等机关联络，共谋社会事业的推广，与乡村社会的改造。

（C）民众师范院所培植的师资——是社会民众的向导者，是社会的领袖。关于民众教育的新事业与新理想，都赖其去研究去实验。并与社会各种机关联络，谋民智的增进。社会事业的建设，经济的发展，而造成完满的社会。至于义务教育的普及，学校教育的推广，也应注意及之。

各院的教育，须注重劳作的训练，生产的技能，社会的改造。

所以乡师的组织，应分为工读指导部，生活指导部，研究实验部和社会推广部。

（A）工读指导部——乡村师范的教育，不仅在知识的追求，并须注意于生产技能的训练。使一般乡师学生，毕业以后，服务社会，除了应具的教学技术以外，尤能应用双手，从事农业。因此，乡师中应有工读指导部的设立。聘请专门技师，专司生产知能的指导。

（B）生活指导部——乡村师范学生的训练，不仅对于性行方面，加以注意。即日常生活，统须详加指导，俾得养成刻苦耐劳活泼进取的师资。将来到乡村去服务时，不特能教儿童，并能领导农村，向前进展。因此，乡师应有生活指导部的设立。延请能共生活同甘苦的导师，从事学生生活的指导。

（C）研究实验部——乡村师范学生，对于教学知能的获得，贵乎研究与实验。凡教育的制度、行政、教法，必须经过专家的研究，实地的试验，才能定出制度行政教法的价值来。因此，乡师应有研究实验部的设立。联络各中心小学校校长，组织成之。实地从事指导师范生的研究与实验。

（D）社会推广部——乡村师范所负的使命，不仅在造就乡村小学的师资。尤应具有增进农民生活，改良乡村组织，发展农村经济的实际工作。使学生借此各种社会推广事业，灼知社会情形，熟练推广方法。庶使服务乡教后，可以改进农村，能够领导民众。因此，乡村师范学校，应有社会推广部的设立，以应乡村社会特殊的需要。

其他杂务，如庶务会计等事，有专任职员，专司其职，不必另立部别。

（丙）乡村师范学校的课程

民国十六年，大学区制时代，曾颁发三年制乡师课程要旨学分及时间表，兹全录于后，以供参考。

学科＼学年·学期（要旨·时数·学分）	第一学年 第一学期 要旨	时数	学分	第一学年 第二学期 要旨	时数	学分	第二学年 第一学期 要旨	时数	学分	第二学年 第二学期 要旨	时数	学分	第三学年 第一学期 要旨	时数	学分	第三学年 第二学期 要旨	时数	学分
公民与三民主义	公民要旨 三民主义	1	1	公民要旨 三民主义	1	1	公民要旨 三民主义	1	1	公民要旨 三民主义	1	1	公民要旨 三民主义	1	1			
教育							教育入门	2	2	教育心理 教学法参观	3 14	4	教学法 校行政实习	2 24	4	乡村教育原理 实习	2 35	5
国文	读作 习字 国语练习	7 1 1	9	读作 习字 国语练习	7 1 1	9	读作 文字学大要 国语练习	6 1 1	8	读作 文字学大要	6 1	7	读作	7	7	读作 儿童读物研究 小学应用教材及教法之研究	5 1 1	7
数学	算术珠算	4	4	算术	4	4	混合数学 简易簿记	2 1	3	混合数学 简易簿记	2 1	3	混合数学	3	3	混合数学 小学应用教材及教法之研究	2 2	4

续表

学科	第一学年 第一学期 要旨	时数	学分	第一学年 第二学期 要旨	时数	学分	第二学年 第一学期 要旨	时数	学分	第二学年 第二学期 要旨	时数	学分	第三学年 第一学期 要旨	时数	学分	第三学年 第二学期 要旨	时数	学分
农业	农业大意 实习	3	3	农业大意 实习	3	3	农业大意 实习	3	3	农业大意 实习	3	3	农业大意 农村社会 学实习	22	4	农场设施 法小学应 用教法及 研究	22 4	4
体育	党童军 体操游牧	3	2	党童军 体操游牧	3	2	党童军 体操游牧	3	2	党童军 体操游牧	3	2	体育游牧 体育原理	21	2	体育原理 应用小学 教法及教 材之研究	12 3	2
历史	历史大要	2	2	历史大要	2	2	历史大要	2	2	历史大要	2	2	历史大要 小学应用 教法及教 材之研究	11 2	2			

续表

学科	第一学年 第一学期 要旨	时数	学分	第二学期 要旨	时数	学分	第二学年 第一学期 要旨	时数	学分	第二学期 要旨	时数	学分	第三学年 第一学期 要旨	时数	学分	第二学期 要旨	时数	学分
地理	地理大要	2	2	地理大要	2	2	地理大要	2	2	地理大要	2	2	地理大要 小学应用及教材之研究	11 2	2			
自然	混合理科	2	2	混合理科	2	2	混合理科	3	3	混合理科 实验	3	3	混合理科 小学应用及教材之研究	11 2	2			
图书	写生画 意匠画	2	1	写生画 意匠画	2	1	写生画 意匠画	2	1	写生画 意匠画	2	1	黑板练习 小学应用及教材之研究	11 2	2			

续表

学科	第一学年 第一学期 要旨	时数	学分	第一学年 第二学期 要旨	时数	学分	第二学年 第一学期 要旨	时数	学分	第二学年 第二学期 要旨	时数	学分	第三学年 第一学期 要旨	时数	学分	第三学年 第二学期 要旨	时数	学分
手工	实用手工	2	1	实用手工	2	1	实用手工	2	1	实用手工	2	1	实用手工 小学应用教法及教材之研究	11 2	2			
乐歌	普通歌曲	2	1	普通歌曲	2	1	普通歌曲	2	1	普通歌曲	2	1	普通歌曲 乐理	11 2	1	风琴练习应用 小学教法及教材之研究	2	1
课外活动																		
总计		32	28		32	28		33	29		34	30		34	30		24	23

至民国十九年，教部为起草三年乡村师范课校标准起见，曾拟一乡村师范必修科目纲要。这里也全录一下，以供讨论课程时的参考：

乡村师范学校必修科目

（一）党义暂定十二学分

（二）国语三十学分

（1）师范生自身应习的国语（2）小学国语教材研究（3）小学国语教学法及实习

（三）社会二十七学分

（1）公民常识历史地理乡村社会及经济问题（2）小学社会教材研究（3）小学社会教学法及实习

（四）自然十五学分

（1）混合自然科学（包括理化博物）（2）小学自然教材研究（3）小学自然教学法及实习

（五）算术二十四学分

（1）混合数学珠算簿记及统计概要（2）小学算术教材研究（3）小学算术教学法及实习

（六）农业及工艺十八学分

（1）乡村实用农业与工艺及实习（2）小学农业工艺家事等教材研究（3）小学农业与工艺教学法及实习

（七）美术九学分

（1）美术欣赏及习作（2）小学美术教材研究（3）小学美术教学法及实习

（八）健康教育四学分

（九）体育九学分

（1）各种运动的实习（2）小学体育教材研究（3）小学体育教学法及实习

（十）音乐十二学分

（1）乐歌练习（2）乐器练习（3）小学音乐教材研究（4）

四年制乡村师范必修课程表

学科	要旨及学分时数	一上	一下	二上	二下	三上	三下	四上	四下	总计
公民与三民主义	要旨	公民与三民主义	同上	同上	同上	同上	同上			
	时数	1	1	1	1	1	1			6
	学分	1	1	1	1	1	1			6
教育	要旨			教育入门	同上	教育心理 / 小学教育法	同上	乡村教育测验概要 / 小学行政组织	教育原理 / 乡村教育	
	时数			1	2	2 / 2	2 / 2	1 / 2 / 3	4 / 2	22
	学分			1	2	2 / 2	2 / 2	1 / 2 / 3	4 / 2	22

续表

学科	一上			一下			二上			二下			三上			三下			四上			四下			总计	
	要旨	时数	学分	要旨	时数	学分	要旨	时数	学分	要旨	时数	学分	要旨	时数	学分	要旨	时数	学分	要旨	时数	学分	要旨	时数	学分	时数	学分
国文	读法	8	7	同上	8	7																			58	50
	书法	1	1/2	同上	1	1/2																				
	国语练习	1	1	同上	1	1																				
							读作	7	6	同上	7	6	读作	6	5	同上	6	5	读作	4	3					
							文学研究	1	1	同上	1	1							儿童文学	1	1	儿童文学	1	1		
							国语练习	1	1	同上	1	1										应用教材及教法	2	2		
数学	算术	4	4	同上	4	4																			21	21
	珠算																									
							混合数学	3	3	同上	3	3	混合数学	2	2	同上	2	2	应用教材及教法	1	1					
							简易簿记	1	1	同上	1	1														

续表

学科	一上要旨	一上时数	一上学分	一下要旨	一下时数	一下学分	二上要旨	二上时数	二上学分	二下要旨	二下时数	二下学分	三上要旨	三上时数	三上学分	三下要旨	三下时数	三下学分	四上要旨	四上时数	四上学分	四下要旨	四下时数	四下学分	总计时数	总计学分
农业	农业概论	2	2	同上	2	2	同上	2	2	作物学	2	2	作物学	2	2	园艺学	1	1	园艺学	1	1	畜产饲养法	1	1	21	21
													蚕桑或森林	2	2	蚕桑或森林	1	1	农业经济法	2	2	农产制造	1	1		
																						小学教材及教法	1	1		
社会	历史大要	2	2	同上	2	2	同上	2	2	同上	2	2	同上	1	1	历史大要	1	1	应用教材及教法	2	2				24	24
	地理大要	2	2	同上	2	2	同上	2	2	同上	2	2	同上	1	1	地理大要	1	1								
																乡村社会问题	2	2								

续表

学科	要旨 时数及学分	一 上 要旨	一 上 时数	一 上 学分	一 下 要旨	一 下 时数	一 下 学分	二 上 要旨	二 上 时数	二 上 学分	二 下 要旨	二 下 时数	二 下 学分	三 上 要旨	三 上 时数	三 上 学分	三 下 要旨	三 下 时数	三 下 学分	四 上 要旨	四 上 时数	四 上 学分	四 下 要旨	四 下 时数	四 下 学分	总计 时数	总计 学分
自然	混合理科		3	3	同上	3	3	同上	3	3	同上	3	3	同上	3	3	同上	3	3	应用教材及教法	1	1				19	19
艺术	写生画		1	1	同上	1	1	同上	1	1	同上	1	1	同上	1	1	同上	1	1	应用教材及教法	1	1/2				26	13
	意匠画		1	1	同上	1	1	同上	1	1	同上	1	1	同上	1	1	同上	1	1		1	1/2					
	实用手工1		2			2			2			2			2			2									

续表

学科	要目	一上 时数/学分	一下 时数/学分	二上 时数/学分	二下 时数/学分	三上 时数/学分	三下 时数/学分	四上 时数/学分	四下 时数/学分	总计 时数/学分
音乐	普通歌曲	1 / 1/2	1 / 1/2（同上）	1 / 1/2（同上）	1 / 1/2（同上）	1 / 1/2（普通歌曲）	1 / 1/2（同上）			
	乐理					1 / 1	1 / 1（同上）	1 / 1	1 / 1（乐理）	
	小学教材及教法							1 / 1/2	1 / 1/2	
	（音乐 总计）									12 / 8
体育	生理卫生	2 / 1								
	军事训练	1 / 1/2	1 / 1/2（同上）							
	体育游技	2 / 1	2 / 1	2 / 1（同上）	2 / 1（同上）	2 / 1（同上）	2 / 1（同上）	2 / 1（同上）	2 / 1（同上）	
	医药常识			1 / 1/2	1 / 1/2	1 / 1/2	1 / 1/2	1 / 1/2	1 / 1/2	
	（体育 总计）									27 / 15
总计		33 / 27 1/2	33 / 27 1/2	33 / 28	33 / 28	31 / 26	31 / 26	26 / 22	17 / 15	237 / 200

（甲）黄渡乡村师范学校课程表

设计事业		模范乡区运动															总计
		校内生活	乡村工学小学的试办		农民教育的试办	乡村合作的试办		农业改良		工艺及农业制造的提倡	乡村卫生事业的试办			乡村自卫事业的试办		
工学门类		教育及文艺						农业及自然			制造工艺			体育		
修习时期 \ 工学科目		公民及三民主义	社会	教育	国语	音乐	国画	农业	自然	数学	实用工艺	农业制造	卫生医药	普通体操	军事训练	
第一学年上学期	要旨	三民主义公民实践学生团体生活参加	模范乡区及江苏省历史地理的研究及调查	参观学校服务	范文选读时论选阅时事摘要作文及书法	唱歌弹奏	写生画意匠画装饰	普通农学耕种毛细管引力实验	博物采集试验	算术珠算	简易玩具制造	日用食品保藏	生理卫生学卫生检查	徒手操球类田径赛早操	童子军	
	每周时数 讲授	1	2	0	5	0	0	2	2	2	0	1	1	0	0	16
	每周时数 学习辅导	2	3	2	5	2	2	4	2	2	2	2	2	1	1	32
	学分	2	4	1	8	1	1	2	3	4	2	2	2	1/2	1/2	33

续表

修习时期：第一学年下学期

设计事业（模范乡区运动）：校内生活　乡村小学的试办　农民教育的试办　乡村合作的试办　农业改良　工艺及农业制造的提倡　乡村卫生事业的试办　乡村自卫事业的试办

工学门类	工学科目	要旨	每周时数 讲授	每周时数 学习辅导	学分
教育及文艺	公民及民主主义（公民三民主义）	同上加党义	1	2	2
	社会	本国现代史本国地理图表模型制造	2	3	4
	教育	同上	0	2	1
	国语	范文选课选阅时论文法和作文国语练习及作文编辑	5	5	8
	音乐	同上	0	2	1
	国画	同上	0	2	1
农业及自然	农业	普通农学耕种土壤分析	2	4	2
	自然	博物标准试验培养	2	2	3
	数学	同上	2	2	4
制造工艺	实用工艺	同上加编织	0	2	2
	农业制造	同上	1	2	2
	卫生医药	医药常识卫生检查	1	2	2
体育	普通体操	同上加游戏	0	1	1/2
	军事训练	童子军	0	1	1/2
总计			16	32	33

续表

模范乡区运动

设计事业	工学门类	工学科目	要旨	每周时数 讲授	每周时数 学习辅导	学分
校内生活		公民及三民主义	三民主义的国家及社会建设宣传	1	2	2
	教育及文艺	社会	本国近世史及中古史 本国地理图表模型制造	2	3	4
乡村工学小学的试办		教育	教育入门参观学校服务	1	4	3
农民教育的试办		国语	范文选读时论选阅修辞学作文及编辑国语乡语练习	4	6	8
乡村合作的试办		音乐	同上	0	2	1
		国画	同上	0	2	1
农业改良	农业及自然	农业	作物学园艺学耕种肥料试验	2	4	2
		自然	化学工业化学	2	2	3
工艺及农业制造的提倡		数学	混合数学簿记学校会计助理	2	3	4
乡村卫生事业的试办	制造工艺	实用工艺	简单用具制造缝纫	0	2	2
		农业制造	烹任	1	2	2
		卫生医药	实用急救看护	1	2	2
乡村自卫事业的试办	体育	普通体操	同上加用器械操	0	1	1/2
		军事训练	同上加童子军	0	1	1/2
总计				16	36	35

修习时期：第二学年上学期

续表

修习时期	工学门类 / 工学科目														总计
设计事业	校内生活	乡村工学小学的试办	农民教育的试办	乡村合作的试办	农业改良	工艺及农业制造的提倡		乡村卫生事业的试办		乡村自卫事业的试办					
工学门类（模范乡区运动）	教育及文艺					农业改良		制造工艺			体育				
工学科目	公民及三民主义	社会	教育	国语	音乐	国画	农业	自然	数学	实用工艺	农业制造	卫生医药	普通体操	军事训练	总计
要旨	同上加乡村合作	本国中古史及上古史本国地理图表模型制造	心理学参观学校服务	范文选读时论选阅文字学作文及编辑国语及乡语练习	同上	同上	同上加畜养参加	同上	同上	同上	同上	同上	同上加国技	童子军	
每周时数　讲授	1	2	1	4	0	0	2	2	3	0	1	1	0	0	17
每周时数　学习辅导	2	3	4	6	2	2	4	2	3	2	2	2	1	1	36
学分	2	4	3	8	1	1	2	3	4	2	2	2	1/2	1/2	35

（修习时期：第二学年下学期）

续表

模范乡区运动

修习时期：第三学年上学期

设计事业	工学门类	工学科目	要旨	每周时数（讲授）	每周时数（学习辅导）	学分
校内生活	教育及文艺	公民及三民主义	三民主义的经济乡村合作	1	2	2
乡村工学小学的试办		社会	世界史 世界地理 乡村模型制造	2	3	4
农民教育的试办		教育	教育心理 小学教学法 小学校及民众教育馆服务	2	4	4
		国语	同上 同上 文学史 同右 同右	3	5	5
		音乐	乐理 作曲	1	2	1
乡村合作的试办		国画	同上	0	2	1
农业改良	农业及自然	农业	森林 育种 畜养	2	6	3
		自然	物理 物器用具 械构造及修理	1	2	3
工艺及农业制造的提倡		数学	混合数学 简单器械 简易农具测量	2	3	3
	制造工艺	实用工艺	建筑	0	2	2
乡村卫生事业的试办		农业制造	食品制造	1	2	2
		卫生医药	同上 轻病治疗	1	2	2
乡村自卫事业的试办	体育	普通体操	同上	0	1	1/2
		军事训练	同学生军	0	1	1/2
总计				16	37	33

续表

模范乡区运动

设计事业	工学门类	工学科目	要旨	讲授	学习辅导	学分
校内生活	教育及文艺	公民及三民主义	同上加三民主义政治学	1	2	2
乡村小学的试办		社会	同上	2	3	4
农民教育的试办		教育	同上加测验及小学试教	2	4	4
		国语	同上文学原理	3	5	5
乡村合作的试办		音乐	同上	1	2	1
		国画	同上	0	2	1
农业改良	农业及自然	农业	同上	2	6	3
		自然	同上	1	2	3
工艺及农业制造的提倡		数学	混合数学统计参加学校统计编制	2	3	3
乡村卫生事业的办	制造工艺	实用工艺	同上	0	2	2
		农业制造	同上加罐头	1	2	2
		卫生医药	同上	1	2	2
乡村自卫事业的试办	体育	普通体操	同上小学乡教育参加	0	1	1/2
		军事训练	乡村自卫事业参加	0	1	1/2
		总计		16	37	33

每周时数：讲授 / 学习辅导

修习时期　第三学年下学期

续表

模范乡区运动

修习时期	设计事业	工学门类	工学科目	要旨	每周时数 讲授	每周时数 学习辅导	学分
第四学年上学期	校内生活		公民及三民主义	小学党义教学现行法制大意	0	2	2
	乡村工学小学的试办	教育及文艺	社会	乡村教育原理小学教育行政及办理农村问题	1	3	4
			教育	同上	2	6	4
	农民教育的试办		国语	同上 小学儿童教育应用文 小学及民众教育作文及编辑	1	5	4
			音乐	小学教育	0	2	1
	乡村合作的试办		国画	小学教育	0	2	1
	农业改良	农业及自然	农业	农业推广工学小学教学实际测量	0	2	1
			自然	工学小学教学实验测量	0	2	2
	工艺及农业制造的提倡		数学	工学小学教学实验测量	0	2	2
		制造工艺	实用工艺	工学小学教学实验测量	0	2	2
	乡村卫生事业的试办		农业制造	同上	1	2	2
			卫生医药	工学小学教学轻病治疗	1	2	2
	乡村自卫事业的试办	体育	普通体操	同上 工学小学教学加办理乡村民众运动	0	1	1/2
		军事	军事训练	同上 加办理乡村自卫	0	1	1/2
	总计				6	34	30

续表

设计事业	校内生活		乡村工学小学的试办	农民教育的试办	乡村合作的试办		农业改良		工艺及农业制造的提倡	乡村卫生事业的试办			乡村自卫事业的试办		总计
工学门类			教育及文艺				农业及自然			制造工艺			体育		
工学科目	公民及三民主义	社会	教育	国语	音乐	国画	农业	自然	数学	实用工艺	农业制造	卫生医药	普通体操	军事训练	
要旨（第四学年下学期）	同上	同上 加农村调查	论理学 教育史 办理工小及民众教育馆	同上	同上	同上	同上	同上	同上	同上	同上	同上	同上	同上	
每周时数 讲授	0	1	2	1	0	0	0	0	0	0	1	1	0	0	6
每周时数 学习辅导	0	1	2	1	0	0	0	0	0	0	1	1	0	0	6
学分	2	4	4	4	1	1	1	2	2	2	2	2	1/2	1/2	28
每周时数 讲授	6	14	10	26	2	0	12	10	14	0	8	8	0	0	
每周时数 学习辅导	16	24	30	42	16	16	32	16	20	16	16	16	8	8	
学分	16	32	24	50	8	8	16	22	26	16	16	16	4	4	260

小学音乐教学法及实习

（十一）教育十一学分

（1）小学行政（三学分）（2）教育概论（三学分）（3）教育心理学（三学分）普通教学法（二学分）

（十二）实习十五学分

其后乡师改为四年制，江苏省立乡村师范科联合会也曾一度拟订四年制的课程表，兹再全录于后：

以上各表前两表都系三年制，当然不能适合现在的四年制。第三种虽然为了四年师范制的实行而定的，但以拟订匆促，未经专家的修正，也没有经行政当局的核准，所以各乡师校的课程，事实上都不能一律的。兹将全国著名的乡村师范学校的课程表暨公私试办的乡师及研究院的课程编配，摘录于后，以明乡教课程实施的一斑。

说明：（一）本课程根据四年制乡村师范课程要旨及时间学分表及部颁高中师范科必修科目时间及学分表，并参酌实际之需要而增订之。其内容包括人本修养，乡村生活，实用艺术，专业修养，教育知能，职业化课程及复习等七类。

（二）各科要旨，特为订定，以便实施教学时之衔贯与联络。

（三）党义课程要旨，系根据中央训练部党义课程编订委员会通过之中小学党义课程标准草案，增订而成。

（四）乡村社会问题，包括七项运动及家庭、劳工、妇女等问题。

（五）应用化学及应用机械学，内容包括工艺科之一部分。

（六）工艺科知识与技能，同时教学知识方面包括农、食、住、行，技能方面包括纸果工、金工、木工等。

（七）女生修习家事时，可勿习农具学及农业改良。其家事实习时间，均不在课内。

（八）农事实习不在上课时间之内，亦不计学分。

（九）教育心理包括儿童心理。

（十）乡村教育，除教一般理论外，兼及乡村小学设施方面之特殊问题。

（十一）小学教学法，专指普通教学方法，各科教法均于各科中教授。

（十二）小学课程论，专教小学教材之普通事实，原理与方法，各科教材均于各科中教授。

（乙）浙江省立湘湖乡村师专学校的课程大纲

（一）共同活动

三民主义公民人生哲学论理学国语生物物理化学农事手工算术图画音乐军事武术清洁卫生中心小学（教育学教育行政教学法心理学）村自治（社会学经济学合作组织社会调查）

（二）轮流活动

本校各部办事人员，均由全体轮流担任，其时间依人数多寡，事务繁简支配的。

行政部

生活指导部

社会改造部

儿童教育辅导部

图书部

研究部

其他

（三）自决活动

写信、看书、笔记、访友等，由各人自拟每日每月计划表，交指导员核准施行。

（四）每周共同的生活日程表

星期＼活动＼时间	一	二	三	四	五	六	日
5.45	起身	同上	同上	同上	同上	同上	同上
6.00——6.30	晨会	同上	同上	同上	同上	同上	
6.30——7.10	武术	同上	同上	同上	同上	同上	
7.15——7.40	盥洗早餐	同上	同上	同上	同上	同上	同上
7.40——8.00	洒扫整理	同上	同上	同上	同上	同上	同上
8.00——9.00	纪念周	各部办公	同上	同上	同上	同上	
9.00——9.50	各部办公	阅书	同上	同上	同上	甲组图画	例　自决
10.00——10.50	自决工作	同上	同上	同上		音乐	
11.00——11.50	三民主义	自决工作	同上	村自治研究	三民主义	同上	同上
12.00	午餐	同上	同上	同上		（甲）会朋友	
1.30——2.00	习字	同上	同上	同上		（乙）图画	
2.00——2.50	小学教学做研究会	采集标本	自决工作	乙组手工	分组到前方工作	（乙）会朋友	假
3.00——3.50	小学教学做研究会	采集标本	自决工作	乙组手工	分组到前方工作	（甲）手工	
4.00——4.30	小学教学做研究会	武术	同上	同上	分组到前方工作	同上	

星期\活动\时间	一	二	三	四	五	六	日
4.30——5.30	农事	同上	同上	同上	同上	同上	
5.30——5.40	预备灯油	同上	同上	同上	同上	同上	同上
5.50——6.20	晚餐	同上	同上	同上	同上	同上	同上
6.20——7.00	自决工作	同上	同上	同上	同上	同上	自决
7.00——8.30	自决工作	同上	同上	同上	同上	联村会议	
8.30——9.30	日记	同上	同上	同上	同上	同上	
9.30	睡眠	同上	同上	同上	同上	同上	同上

（丙）山东乡村建设研究院课程纲要

山东乡村建设研究院分设两部：一为乡村建设研究院，一为乡村服务人员训练部。两部的课程，分述如下：

（A）乡村建设研究院研究部的课程

（1）基本研究——党义，社会进化史，乡村建设理论，军事训练等目。

（2）专科研究——农村经济，农业改良，产业合作，乡村自治，乡村教育，乡村自卫及其他等目。

（B）乡村建设研究院乡村服务人员训练部的课程

A. 训练部课程，分五大部：

（1）党义之研究，概括：三民主义，建国大纲，建国方略及其他等目。

（2）乡村服务人才之精神陶炼。

（3）乡民自卫之常识及技能之训练，概括：自卫问题研究，军事训练，团体训练及其他等目。

（4）乡村经济方面之问题研究，概括：经济学大意，农村经济，信用，生产，消费各项合作，簿记，社会调查及统计，农业常识及技术，农产制造，水利，造林及其他等目。

（5）乡村政治方面之问题研究，概括：政治学大意，现行法令，公文程式，乡村自治组织，乡村教育，户籍土地各项登记，公安，卫生，筑路，风俗改良及其他等目。

B. 乡村服务人员训练部的日常生活

时间	生活活动	说明
5.00——5.20	起身	
5.20——5.50	朝会	星期一为纪念周星期四为总朝会其他日子为分朝会举行时有整肃的仪式壮伟的歌曲恳挚的讲演亲切的训话等
5.50——6.20	拳术	锻炼身体强健精神使学生能够文武双全
6.20——7.30	早膳及洒扫	
7.30——11.30	指导作业或自修作业	由各院长会商各部主任编订课程公布试行
12.00	午膳	
1.00——2.00	午睡	
2.00——4.00	指导作业或自修作业	
4.00——6.00	军事训练	由富有军事学识及经验的军事专家担任教官
6.00	晚餐	

续表

时间	生活活动	说明
7.00——8.30	作业及日记	
8.50	就寝	
备注	本表起床休息之规定于每年一月二月及十一月十二月四个月内均各延迟一时	

（丁）集美试验乡村师范学校每周生活表

时间（曜日／分组）	月	火	水	木	金	土	日
	甲乙	甲乙	甲乙	甲乙	甲乙	甲乙	甲乙
5.00—	起身	→	→	→	→	→	→
5.15—	寅会	→	→	→	→	→	→
…………	早操	→	→	→	→	→	→
…………	盥洗	→	→	→	→	→	→
7.00—	早餐	→	→	→	→	→	→
7.30—	洒扫整理	→	→	→	→	→	→
8.00—8.45	纪念周	教育概论	→	→		心理学	→
9.00—9.45	国文	国文	党义		例假	用书报 国文	
10.00—10.45		（选）算术	儿童科学及生物研究	分组研究	例假	儿童科学及生物研究	全体大会
11.00—11.30	办公	→	→	→		→	→
11.45—	午膳	→	→	→	→	→	→

续表

时间 ＼ 曜日 分组	月 甲乙	火 甲乙	水 甲乙	木 甲乙	金 甲乙	土 甲乙	日 甲乙
1.30—2.15	工艺　用书报	国音　工艺		农事		小学实际问题	国音
2.30—3.15	（选）珠算	国音　用书报	音乐	音乐			
3.30—4.15	美术　史地	社会学	美术	音乐	例假		
4.30—5.15	社会活动　劳作	劳作	社会活动　劳作	劳作		讨论会	
5.15—	晚灯点油	→	→	→		→	
5.30—	晚饭	→	→	→	→	→	→
7.00—8.35	自决活动	→	→	生活周会	自决活动	→	→
9.30—	睡觉	→	→	→		→	

专家的意见

　　浏览了许多乡校的课程实例以后，再来听听各乡教专家对于课程的编配和改进的意见：

　　（A）江苏省立栖霞乡村师范黄校长，对于乡师课程改进的意见——改订课程，谨就见感所及，分陈五点：

　　（甲）浅尝科目宜减并——今之乡村师范，科目之多，实远过于同等之学校。亦若数年之后，无所不能。而究其所长，未成一技。学生亦各务于空泛浅尝即止。论其知既无所知，论其用实无可用。徒耗其精力，虚费其时光。何如审其所需，不急者并，先求其精，后求其博。则所成就者虽非博识之士，实多专业之民。即在学生，其勤勉者既无殚精竭神苦求完美之难，其偷惰者亦无避重就轻苟存侥幸之弊。不喜毕业者多杰出之才，而喜毕业者无滥竽之数。以此负担其任务，领导其学生，似已足矣。何用多为？此以乡村师范生应有专业训练之故，则浅尝科目，似可减并。

（乙）职业课程宜增加——师范学校之为职业学校，其意义实与农业、工业、商业及其他之职业学校等。其现有之一切课程，似均为将来业务之预备，更何求增于职业之课程。惟作者之所要求者，乃在师范生除有教书技能外，仍需要有其他生活之职业，以为改革乡教之张本。使教育成为生活必需之品，而不仅为国家装潢之用，更以之救济教师之失业，而不至穷愁潦倒，坐以待毙。并以之唤起士者阶级之觉悟，各宜自食其力，而不以实际劳作为耻。然而今之乡教同人，未尝不以农业教育打成一片为言，则作者之所希求，亦正同人之常谈。惟今之乡村师范之农业课程，与农事实习，亦几与其他课程之无益于生活相等。此而视为可以为职业，则自欺欺人，其罪莫甚。作者之旨，以为职业固不必限于农，即一切之手工艺小生意亦无往而不可学，但期其真能做一农夫、工人、商家，而后职业教育之意义乃达。环视农村生产落后，国民失业之多，则职业课程，势不得不急于增加。

（丙）实施工读以代实习——自职业学校之不切于实用，乃令人追维学徒制度之可取。所谓做学教合一之说，亦莫先于此。盖今日职业教育之大弊，乃在泥于外国之书本，以求合于中国之实际。以是为老农小工所齿冷，而卒于不敢放言高论其学说。救济之法，莫若工读。以做为经，以教学为纬，若有取于乡村师范生，应有专业训练之言，则学校之内，宜有农场、工厂、商店，从耒耜间谈农学则真，从绳墨间谈工学则明，从卖买间谈商学则切。反复于章句而离去其事实，此固八股之贻毒，又岂教育之真谛。设以上午研究，下午作工，而以各种职业课程，参加其间，并以工作代其实习，则固不妨碍其全体之学习，更依学生工作成绩，给以报酬以代替公家之供膳。杜断其不劳而获之心，昭示以教育乃生利之事。如此或可不以纸上空谈，再祸后之来者。至于工作之种类，则俟将来论之。

（丁）加紧劳作以代体育——体育之目的，在求活泼肌肉，强健体格，亦正如饮水食菽，事至寻常。然而今日之体育，乃在技术之研求，每见学生执为专好，而废弃其他。此而认为体育之进步，无宁认为体育之崩溃。世界以体育之重要，等于饮食者，则设有以能吃饭自雄者，不使人齿冷。惜以外人提倡之勤，遂不敢为菲薄之论。于是每年用于运动之经费，至可骇人。而外人复多一运动器械推销之地。一似除此以外，别无健康之法，而必需取此途径者，民族意识之消沉，此未始非其一端。与念至此，深可浩叹。况以今日乡村师范之学生，亦即将来乡村小学之教师，如此昂贵之运动器械，自非乡村小学所能购备。纵使技术能精，势成无用。不如即用劳作以为替代，谓为不信，则农夫工人身体之强，有非运动家所能及者。化消闲之时间，以为有用之工作，因势成利，莫善于此。若夫除嚣之习，去奢侈之风，张自信之念，塞外漏之卮，是皆附牛之结果，亦何故而不为。

（戊）利用休闲以代音乐——音乐为休闲生活之一，要以不碍于正业为原则。举而列诸课程，亦正见资本主义社会之奢侈。我既效而则之，亦遂持之有故。顾以中国百事落后，人一己十，犹且不及。方期减少休闲生活，从事正当工作，以为捷足之补救。凡属国民，无论其在社会为众民，在学校为学生，皆应同此义务，则课程不列音乐之言，或亦应时而生之论。惟音乐之有益于人生，固作者之所深信。无已，则请于休闲时间行之，聚二三同好，作音乐演奏，取其可乐，奚必成家，况到乡村，则钢琴西乐，有谁欣赏，转不若一竹一丝，民与同乐。

（B）梁漱溟先生对于乡教课程编制的意见

（1）要养成为建设农村的实际作事能力的完全人才，所有训练的课程，约计有三：

一、实际服务之精神陶炼——要打动他的心肝，鼓舞他的志趣，锻炼他吃苦耐劳，坚忍不拔的精神；尤其要紧的，是教以谦抑宽和处己待人之道。

二、为认识了解各种实际问题之知识上的开益——非有一番开益其知识的功夫，则于各种实际问题，恐尚不易认识了解。

三、为应付解决各种实际问题之技能上的指授——例如办公事的应用文，办合作的应用簿记，办自卫的军事训练等。

（2）课程编配，要注意需要人才的专业训练，如河南村治学院的农村组织训练部之作业课程，注意于农村政治方面的问题研究；农村师范部的作业课程，注意于农村小学教育之问题研究；农林警察训练部的作业课程，注意于农林知识及技能暨保护方法之训练。

（3）课程编配，应从实际问题的具体研究入手，以开发学生应付环境解决问题之能力。所有课程，宜综括为数部，从事研究与教学。因为科目分门愈多，各别讲习，隔碍不通，支离破碎。

（4）课程编配，要使学生能自由运用其时间。其讲授训练的课目，则不妨划为一小时行之，甚或半小时亦可。一日之间，以三段或其半段，配定功课。

（C）我们再来看看福州乡师诸位先生，对于课程改进的具体意见：

（甲）课程改进的四个途径

（1）搜集各地乡师的生活日程，与其对于自身的体验和发觉，作为编制的借镜。

（2）征集乡校指导员及专家意见，作为编制的目标。

（3）分析乡村的生活，与乡村教师必需的技能，作为编制的内容。

（4）根据学生的程度与能力，作为编制课程与选择教材的标准。

（乙）课程改进的六个进行办法

（1）淘汰非必要科目；

（2）合并有关系科目；

（3）增加一部分主要科目课授时间；

（4）酌量减低毕业分数量；

（5）增加必要科目；

（6）在可能范围内酌定选修科目。

（丙）课程改进的各科计划

（1）国语科——乡师国语科，须练习乡村应用文的技能，和陶冶乡村文学的欣赏。所以农村诗歌、农谚、农谣、农民应用文件等，实有参人研究的必要。

（2）教育学科——乡师教育科材料，须适合乡村小学的环境与需要。如复式教学或单级教学，在城市可以不必研究，但在乡村学校，就非深究不可了！所以乡师课程里的小学各科教学法，应改为"乡村小学各科教学法"；小学行政应改为"乡村小学教育及行政"；民众教育应改为"农村民众教育实施法"；小学数学及自然等教材研究应改为"乡村小学教材之研究"。

（3）社会学科——乡师社会学科，也应适合乡村的社会环境与需要。如政治学应改为"村治问题"；经济学应改为"农村经济学"。

（4）自然科学——（甲）数学——数学内容所规定的，有算术、代数、几何、三角，此外还有珠算及簿记。算术须一学年授完，教材须根据乡村小学的需要。代数一科，取材宜普通，比较专门材料，无须教授。三角应改为"农田测量学"；簿记一科，应改为"学校簿记及预算决算"。数学科须在二年级结束。（乙）理化——化学应改为"农业化学"；物理可改为"乡村应用物理学"。

（5）农业学科——农业知识，不是全靠书本供给的。农学指导，最好在农场里面实行"做学教"。科目无须多，学得到，也要做得到。现在中国农村，最需要这种实际人才。

（6）手工科——小工场应宜及早设立，木工、手工、藤工等均须规定时间，按时请木匠藤匠等来校指导，等到毕业时，最少桌椅坏了，要会修理；篮子筐子破了，要会修补。

（7）增设选修科目——必修科目，不要定得太多，余下的时间，可为增设选修科之用。

三院四部制的乡师课程表

综合各专家意见，现行各校的课程，大有改革的必要，以求适应乡村社会实际的需要。兹参酌各专家意见，及各校现行的课程，拟订三院制的乡村师范学校的课程大纲如下：

上面已经说过，在现在农村状况之下，一个小学教师，不但是一个乡村中的知识领袖，同时也是一个乡村社会的领袖。乡村小学不但是乡村教育机关，而且是改革社会的中心。所以乡师的课程，在横的方面，应分为公民的、职业的、学术的、健康的、休闲的五种活动；在纵的方面，应分为基本科学的训练，公民的训练，农业的训练及专业的训练等四个阶段。

三院的课程，在横的方面，毫无差别的。因为这五项活动，就是包括一个人生的整个。而在纵的方面，前三个阶段，也要受相同的训练，唯于专业的训练，要有不同的训练了。幼稚师范院学的是教育幼儿的专门学识和技能，小学师范院学的是教育乡村儿童的专门学识和技能，民众师范院学的是领导民众，组织乡村的专门学识和技能。

三院制的乡村师范学校课程表

人生活动	科目	一年级 上	一年级 下	二年级 上	二年级 下	三年级 上	三年级 下	四年级 上	四年级 下	备注
		一基本训练 二公民训练 三农事训练	一基本训练 二公民训练 三农业训练			一基本训练 二公民训练 三农业训练 四专业训练		专业训练		备注
公民活动	公民常识	一	一	一	一					三民主义大要农民运动简史农工政策农会组织
	政治经济			二	二	二	二			农村自治经济组织租税制度的研究

续表

人生活动		科目	一年级		二年级		三年级		四年级		备注
			上	下	上	下	上	下	上	下	
		训练阶段	一基本训练 二公民训练 三农事训练	一基本训练 二公民训练 三农业训练			一基本训练 二公民训练 三农业训练 四专业训练		专业训练		备注
公民活动		乡村社会学				一	一	一	一		乡村社会的起源新村的组织社会制度的变迁
		史地	三	三	二	二	一	一			中外史地世界大势及国际问题
职业活动	教育的	教育入门					二(小)	二(小)			教育普通常识的学习借以引起研究的兴味
		儿童心理学					二(小)	二(小)	一(小)	一(小)	注重学习心理及儿童学
		成人心理学					二(民)	二(民)	一(民)	一(民)	注重成人心理及习惯
		民众教育					二(民)	二(民)	一(民)	一(民)	注重民众心理及社会风习
		普通教学法					二(小)	二(小)	一(小)	一(小)	注重教学法一般的原理及方法
		测验统计						一	一	一	注重实际应用

人生活动		科目 \ 学年学期	一年级 上	下	二年级 上	下	三年级 上	下	四年级 上	下	备注
		训练阶段时间	一基本训练 二公民训练 三农事训练		一基本训练 二公民训练 三农业训练		一基本训练 二公民训练 三农业训练 四专业训练		专业训练		备注
职业活动	教育的	小学行政							二(小)	三(小)	注重小学校的实际问题
		各科教育法							二(小)	二(小)	注重各科教学的实际问题
		幼稚教育					二(幼)	二(幼)			幼稚教育原理的探讨实施的步骤
		幼稚教育行政					二(小)	二(小)	二(幼)		注重幼稚教育的实际问题
		人生与自然					二(小)	二(小)	一(小)	一(幼)	注重儿童的行为自然界的现象

续表

人生活动	科目	训练时间阶段 学期 学年	一年级 上	一年级 下	二年级 上	二年级 下	三年级 上	三年级 下	四年级 上	四年级 下	备注
			一基本训练 二公民训练 三农事训练	一基本训练 二公民训练 三农业训练	一基本训练 二公民训练 三农业训练 四专业训练				专业训练		备注
职业活动	农业的	农业概论					二(民)	二(民)	一(民)		研究土壤肥料气象作物各论
		园艺学					二(民)	二(民)	一(民)		注重园艺蔬果的栽培
		饲养学					二(小)	二(小)	一(小)		注重家畜的饲养
		农场实习					一	一	一		注重技能的训练
	工用的	工用艺术							二(小)		注重小工艺的训练
		工场实习指导							二(小)		注重实际技能的训练
	合作的	合作原理					二(幼)	二(幼)			合作的起源组织利益合作运动与社会的改造
		生产合作							二(幼)		注重生产合作的实际
		消费合作					二(幼)	二(幼)	一(幼)		注重消费合作的实际

续表

人生活动	训练科目	一年级 上	一年级 下	二年级 上	二年级 下	三年级 上	三年级 下	四年级	备注
		一基本训练 二公民训练 三农事训练		一基本训练 二公民训练 三农业训练		一基本训练 二公民训练 三农业训练 四专业训练		专业训练	备注
学术活动	国文	六	六	六	六	六	六		注重实际的应用及欣赏的陶冶
	应用文	二	二	一	一				尺牍帖式契据公文的研究与练习
	国语及注音	一	一						注重国音的练习
	儿童文学					二	一		儿童故事诗歌及戏剧
	数学	四	四	三	三	二	二		注重实际的应用如珠算及簿记
	自然	三	三	三	三	三	三		注重应用与农业切实联络
健康活动	体育	二	二	二	二	一			注重国术的提倡
	童子军	一	一	一	一				注重童军的精神
	医药卫生	一	一						卫生习惯医药应用
	民众卫生					一	一		公众卫生传染病的预防

续表

人生活动	科目 \ 学年学期训练阶段时间	一年级		二年级		三年级		四年级		备注
		上	下	上	下	上	下	上	下	
		一基本训练 二公民训练 三农事训练		一基本训练 二公民训练 三农业训练		一基本训练 二公民训练 三农业训练 四专业训练		专业训练		
休闲活动	音乐	二	二	二	二					赞美劳动的歌词革命歌词
	乡土娱乐					一	一			田歌说书国音的介绍与改进
	形象艺术	二	二	二	二	二	二			自然风景的写生劳动化美术的绘画
说明	一、小、民、幼、系专业训练的科目。 二、四年级专业训练的时间，系指堂课，专为实际问题的探讨。 三、本表所列各科目，尽可综括五项活动，编排课程表，俾学生能自由运用其时间，从事于实际问题的探讨。 四、各科目所列之时间数，均为约数，得视需要，自由伸缩。 五、校务实习，如文书、会计、缮写、图书管理等，在三年级时开始。其实习时间，依人数多少，事务繁简支配之。									

（丁）乡村师范学校的工读指导与研究实验

A. 工读指导——工读指导的研究实施，统由工读指导部负责的。兹将工读的编制与指导，分述于下：

（子）编制

（1）一二年级，注重于公民的和基本的训练，并偏重于自学自习及实践，编为基本学团。

（2）三年级着重于农业的训练，编为农业工学团。

（3）四年级着重于专业的训练，编为专业工学团。

（丑）指导

（1）基本工学团

ㄅ．目的

1．注重学科本体的研究。

2．培养生产的技能。

3．陶冶爱好乡村的乐趣。

4．培养从事乡教的兴趣。

5．训练科学的头脑。

6．养成优美的习惯。

ㄆ．实施——基本训练，着重于学科本体的研究，所以实施时的教学方法，以教学做合一为原则，使学生自动学习，自动探求。

（2）农业工学团

ㄅ．目的

1．实行生产劳动与教育合一。

2．培养经营生产合作的本领与兴趣。

3．培植从事乡村副业的技能与兴趣。

4．陶冶新式农夫的知识与技能。

ㄆ．事业

1．饲养合作。

2．养鱼合作。

3．蔬果合作。

4．养蜂合作。

5．其他。

ㄇ．实施

1．各种合作事业的用具及品种，统由学校置备，供学生借用。

2．学生得用合作的方法，自由组织饲养工学团，养鱼工学团，蔬果工学团，养蜂工学团等。

3．一切畜养消耗，归工学团自办。如无力自办，得向学校订约借款。

4.各种学校设备，如因管理疏忽，以致损失，由租用工学团负责赔偿。

5.所得纯利，由工学团依照合作的方法分配。

ㄈ.指导——由学校聘请专家指导各种工学团的劳作与研究。

（3）专业工学团

ㄅ.目的

1.养成专业的技能与兴趣。

2.培养训练、领导、组织民众的本领。

3.养成终身服务乡教运动的决心和兴趣。

ㄆ.事业

1.工学实验幼稚园。

2.工学实验小学校。

3.工学实验推广部。

ㄇ.实验研究

（1）工学实验幼稚园

A.目的

1.实行劳作与研究合一。

2.协助家庭，教养幼稚儿童，并谋家庭教育的改进。

3.力谋农忙时幼稚儿童的教养。

4.与实际乡村接触，谋实际乡村的改造。

5.培养办理乡村幼稚园的能力与兴趣。

B.事业——在学校区内或附近，择村落的中心地点，设立幼稚园。房屋尽可租用庙宇或租借民房，设备以简单为原则，功课以音乐体育为中心。将儿歌与故事，社会和自然，及工作纳入其中。

C.劳作事项与研究科目

1.劳作事项——（子）筹备，（丑）调查，（寅）劝学，（卯）职务分掌，（辰）教材编制，（巳）课程分配，（午）统计图表编制，（未）测验，（申）烧饭，（酉）做公文，（戌）做预决算，

（亥）记账……

2. 研究科目——（子）幼稚教育，（丑）人生与自然，（寅）幼稚园行政和管理，（卯）幼稚教育理论与实际，（辰）幼稚教育原理，（巳）行为主义的幼稚教育。

D. 工学团的分组与报告

a. 将乡村幼稚师范院四年级生，分为若干组，分配到各个幼稚园中去。

b. 每学期分为五学月，每学月各项劳作与各科研究，由学生自行预定，填入工学预定表，交由各科教员审定后实行。学月终了时，将各项研究成绩，实施概况，填入工学报告表，交指导员评定。

E. 指导方法

a. 由指导员组织指导委员会负责指导。

b. 各导师分科指导。

（2）工学实验小学校

工学实验小学，由乡村师范小学院四年级生担任工学。实验小学的创办与实施，以江苏省立黄渡乡师最有成绩，兹将该校对于工学的理论与工学实际，小学的设施，摘录于后：

（A）工学的理论——（子）　"工学"的内涵，可得两义：（一）工学合一，（二）工学唯一。（丑）"工学合一"的内涵，又可得十义：第一，是工与学在人身上的合一，现代的社会上有三种人，一是工而不学，二是学而不工，三是不工不学。不工不学者不必论，其工而不学与学而不工者，过的都是偏枯的生活。名义用的伪学与无进化的机械的工，均使物我人我分离，主客相伤，而生活陷于悲苦。工学合一，则生活的悲苦可去。第二，是工学在事情上的合一。做什么工，就求什么学，求什么学，就做什么工。分工是可以的，但工与学不可分，工与学应在种类和性质上合一。第三，是工与学在时间上的合一。即在作工的时候求学，在求学的时候作工。第四，是工与学在地方上的合一，我们主张在工场中学工，在农田里学农，在各种文化机关中去学做各种文化的工。第五，是工与学互为目的与手段合一。工以学为目的，学以工为目的；工可作学的方法，学可作工的方法。第六，是工学在方法上的合一。工怎样做，就怎样学，怎样学，就怎样做。第七，情操智能与动作的合一。杜威说过："一种良好的习惯要备具三方面：（1）动作，（2）感情，（3）智能"（见平民主义与教育）。具此三方面者，则知之、好之、乐之而非机器。第八，是劳力与劳心的合一。指在同一事情上的手胸并用而言。第九，是为己与为群的合一。为己与为社会在同一个行为上实现。第十，是教育与生活的合一。指教育即生活，生活即教育而言。

（B）工学的实施

（a）目的

1. 实行劳作与研究合一。

2. 学生与实际乡村接触，谋实际乡村的改造。

3. 学成办理乡村小学的工学能力与兴味。

（b）事业——在附近乡村，创办工学实验小学五所，由四年级学生分担主持。经费由本部扩充教育经费下支给，并募集捐款。

（C）劳作事项与研究科目

（甲）劳作事项——（ㄅ）筹备；（ㄆ）招生；（ㄇ）职务分掌；（ㄈ）训教合一；（ㄊ）教材编制与审定；（ㄉ）实际教学；（ㄊ）统计图表编制；（ㄋ）测验儿童智力及教育程度；（ㄌ）特约农田推广麦种；（ㄍ）兼办民众教育；（ㄎ）农村调查；（π）烧饭；（ㄏ）做公文；（ㄐ）做预算决算报账……

（乙）研究科目——（ㄅ）小学行政；（ㄆ）党义及公民、国语、数学、历史、地理、自然、图画、手工、音乐、体育教材与教法；（ㄇ）乡村教育；（ㄈ）测验概要；（ㄊ）农业；（ㄉ）参观实习……

（D）工学的预定与报告

（甲）每学期分为五学月，每学月各项劳作与各科研究，由学生自行预定（由指导员指导），填入工学预定表，交由各科教员审定后实行。

（乙）每学月之末，学生预将本学月各项劳作与各科研究实况及成绩，作为报告，填入工学报告表，交由各科教员评定。

（E）指导方法

（甲）指导用自学辅导方法，劳作与研究，概由学生自动，由教员积极辅导。

（乙）由教员组织工学指导委员会研究方法。

附工学预定表及报告表

（甲）黄渡乡师学生每月工学预定表（　年第　学年第　学期第　学月）

指导员姓名　学生姓名

劳作					研究						
事项	目的	计划	时数		学科	目的	问题	用书	时数		
			每周	全月					每周		全月
									自学	指导	

（乙）黄渡乡师每月工学预告表（　年第　学年第　学期第学月）

指导员姓名　学生姓名

劳作					研究					指导批评	
事项	预定目的	经过情形	所遇困难	所得成绩	所费时间	预定目的	预定问题	用书科目	所费时间	所得成绩	语评	考试分数
									自学 指导			

（3）工学实验推广部

A. 目的

（1）实行劳作与研究合一；

（2）学生先与实际乡村接触，谋实际乡村的改造，目标如下：

（子）发展乡村经济；（丑）改进农民生活；（寅）完成地方自治。

（3）养成办理乡村推广部的能力与兴趣。

B. 事业实施

（一）固定事业

（甲）公民的——（1）组织青年团；（2）设立储蓄会；（3）成立励志社；（4）组织主户会或老人会；（5）组织农村自卫团；（6）组织建设委员会。

（乙）职业的——（1）组织农事指导委员会；（2）设立生产合作社；（3）设立消费合作社；（4）设立借贷合作社。

（丙）学术的——（1）设立民众夜校；（2）开设流动学校；（3）开办民众月报馆；（4）设立民众图书馆。

（丁）健康的——（1）设立民众体育场；（2）设立民众诊疗所；（3）设立国术练习所。

（戊）休闲的——（1）设立民众博物馆；（2）设立民众剧场；（3）设立中心茶园。

（二）活动事业

（甲）公民的——（1）举行各种纪念会；（2）农村调查；（3）自治指导。

（乙）职业的——（1）生产合作展览会；（2）生产合作研究会；（3）农事生产调查。

（丙）学术的——（1）举行识字运动；（2）举行劝学运动；（3）举行常识演讲。

（丁）健康的——（1）举行球类比赛；（2）举行民众运动；（3）举行婴孩比赛会；（4）组织民众远足队；（5）举行长寿比赛会。

（戊）休闲的——（1）举行乡士游艺会；（2）举行音乐会；

（3）开映科学电影；（4）举行通俗说书。

C. 研究科目

（1）民众教育；（2）乡村教育；（3）农业；（4）固定事业的实施与指导；（5）活动事业的计划。……

D. 工学的分组与报告

（1）将乡村师范民众教育院四年级生分为若干组，分配到各种活动事业里去从事实习。

（2）与工学幼稚园指导办法同。

（戊）乡村师范学校的生活指导

生活指导与教学，本不能分立，为叙述便利起见，暂分指导与教学两项，兹将指导目标与实施方法，分述于后：

A. 指导目标

（a）农夫的身手——（1）早眠早起；（2）会种田；（3）能长时间在田间工作；（4）行动不畏劳苦；（5）能跑远路；（6）能担物；（7）能烧饭；（8）饮食粗粝，衣服朴素；（9）能有新式农夫的知识与技能；（10）不畏风雨寒暑。

（b）科学的头脑——（1）思想三民主义化；（2）思想敏捷；（3）明了现在政治经济的情形；（4）了解生物进化的原理；（5）有切实研究科学的兴趣；（6）有精密的思考力与判断力；（7）用正当的方式发表意见；（8）有发现问题的能力；（9）有解决问题的能力；（10）做事有计划有组织。

（c）艺术的兴趣——（1）了解艺术与人生的关系；（2）能利用自然建造优美的环境；（3）能欣赏自然的美；（4）能欣赏各种艺术的作品；（5）能习作各种艺术的作品；（6）有正当娱乐的技能；（7）有表演的技能；（8）常保持和平快乐的态度；（9）出言温雅亲切；（10）有审美的观念。

（d）优美的习惯——（1）有亲爱精诚的态度；（2）行动有纪律；（3）爱护公物；（4）爱护团体；（5）遵守时间；（6）注意个人卫生及公共卫生；（7）尊重学校及各机关的规律；（8）诚意

接受师长及同学的劝导；（9）待人有礼貌；（10）不侵犯他人的自由。

（e）改造社会的精神——（1）确定个人信仰，认定自己立场；（2）肯牺牲自己为群众谋利益；（3）利用科学方法改良种植增加生产；（4）服从公理；（5）不畏强暴；（6）能任劳任怨；（7）不因小挫而灰心；（8）提倡民众运动；（9）努力训练民众；（10）领导民众组织新式农村。

B. 指导方法

（甲）个别的指导——个别指导，须注重积极方面，方法可分为个别谈话，家长谈话及家庭通信三种：

（1）个别谈话——由级指导或教师分别举行谈话。用以探测学生将来的志趣，家庭的状况，作业的兴味等等；而为实施指导的南针。谈话的记载表如下：

级别：　　姓名：

日期：	间别：
地点：	时间：
	A 谈话的动机
	B 谈话的结果
	1 家庭情形
	2 个人志愿
	3 对于学校改进的意见
	4 应行注意的事项
	5 应行奖励的事项
	6 作业情形
	7 其他

谈话者：

（2）家长谈话——随时召集家长谈话，以明学生家庭的状况，与家长对于学生的期望。并能促进学校与家庭切实联络之效。

（3）家长通信——往往有许多家长，以来往不便，不能来校谈话时，借通信方法，互通声气。

（乙）团体指导

1. 学生自治指导

（A）组织

乡村师范学生自治会组织系统表

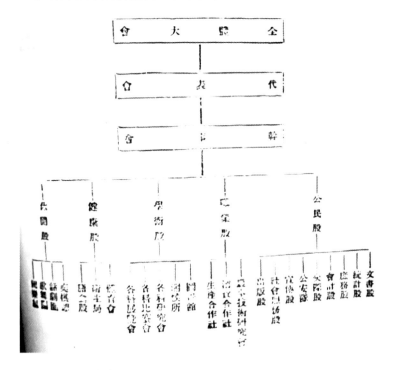

（B）活动举例

（一）公民股——（1）农村宣传；（2）农村调查；（3）发行半月刊；（4）举行时事测验等。

（二）职业股——（1）饲养合作社；（2）养鱼合作社；（3）蔬果合作社；（4）消费合作社；（5）作物展览会；（6）生产合作比赛会等。

（三）学术股——（1）文艺研究会；（2）算术研究会；（3）教育研究会；（4）史地研究会；（5）演说竞进会；（6）辩论会；

（7）各科竞赛会；（8）各科比赛会等。

（四）康健股——（1）运动会；（2）大扫除；（3）球类比赛；（4）国术比赛；（5）食品调查等。

（五）休闲股——（1）同乐会；（2）音乐会；（3）弈棋比赛；（4）乡土游戏比赛会等。

2. 集会

（一）寅会——校中全体员生，于每天午前六时，齐集操场或礼堂，举行寅会。由校长或指导员担任主席，讨论生活上应兴应革事宜，最后由主席或名人演讲。

（二）级会——每周举行一次，讨论一级中应兴应革事宜，由级任导师指导。

（三）室长会议——自修室寝室都设室长，掌理全室的风纪和整洁等事宜。每两周举行一次集会，讨论各室应兴应革事宜，由生活指导主任指导。

（四）纪念会——每遇纪念周，各种纪念日，集全校师生于大会堂，作详尽的报告，或敦请名人演讲，以启发学生的思想与感情。

3. 体格的训练指导

（一）朝操——规定每晨六时三十分至六时四十五分为朝操时间。

（二）田径赛——田赛如跳高、跳栏、铅球、铁饼、标枪、撑竿，径赛如百米、二百米、四百米（各种用具须自制）。

（三）球类——如台球、网球、篮球、足球等，均须努力练习，并于星期日，作级际比赛，以增加学生兴趣。

（四）游泳——乡校学生，大都来自乡间，对于游泳一事，必须练习。

（五）乡土游戏——如踢毽子，抛石锁、仙人担、国术等。

（六）运动会——每学年举行一次，目的一在奖励运动，一在稽查成绩，前者使运动缺少兴味的学生，得以观感兴起；后者得以明了平时运动兴趣浓厚诸学生进步的程度。

（庚）乡村师范学校的社会推广部

本书以乡教运动为复兴农村的中心，故对于乡师的社会推广部，另立专章，详加讨论。

问题（汇总）

（1）乡村师范教育过去的错误何在？

（2）试述乡师的教育目标？

（3）试述工读指导部的组织与机能？

（4）试评三院四部制的课程表？

（5）基本工学团应如何组织？

（6）专业工学团的事业应如何分配？

（7）如何组织工学实验幼稚园？

（8）怎样举行个别的指导？

（9）怎样组织学生自治会？

（10）如何举行寅会？

本章参考书目

乡村师范教育之新生命——江苏教育第一卷第七、八期

服务乡教八年的自省——江苏教育第一卷第七、八期

乡村师范教育之根本改造——河南教育月刊第二卷第八期

乡村师范学校所培植的三种人才——河南教育月刊第二卷第八期

办理乡村师范几个亟待解决的问题——江苏教育第一卷第七、八期

乡村师范教育之新生命——江苏教育第一卷第七、八期

工学实验报告——江苏省立黄渡乡师

农村改进计划大纲——武进卜弋桥农村改进试验区

论中国农村教育改造之路——河南教育月刊第二卷第八期

复式学级的日课表排列——复式教学法第三章（世界）

乡农学校的课程编造——中华教育界第二十卷第八期

从乡村教育的观点看看山东乡村建设研究院——中华教育界第二十卷第五、六两期

山东乡村建设研究院组织大纲及学则课程——村治第二卷第一期

河南村治组织大纲——村治第一卷第十期

湖湘生活——第六、七两期——浙江省立湖湘乡村师范

邕宁乡师创刊号——邕宁县立乡村师范学校

福州乡师校刊二周年纪念特刊——福州乡师

第八章　乡教运动与社会教育（上）

第一节　农村社会教育的理论与事业

农村社会的特征

（一）农村社会最大的特征，是地域的特性。农村社会的地域，大都是农业区域，或为农田，或为渔场，或为森林，最显著的特点，是自然环境与直接受自然的支配。农村人民，主要的职业是农业，每户农家不论自耕农与佃农，至少有数十亩的耕田。

（二）人口是农村社会中最重要的因子，和地域环境互相影响而形成农村社会的各种特征。农村社会中的人口，在量的方面的特征，便是人口的密度稀疏。因为农村的人民，主要的职务是农业，农业所占的土地面积很大，否则便不易维持生存。农村人口，在质的方面的特征，因环境的影响，遂也和别的社会的人口有所区别。在身体方面说，农村人民，大部从事于体力的工作；加以在空旷的乡村工作，自然的滋养较佳，人民的体质当较都市人民为佳。在智力方面说，农村人民，先天的能力原和其他社会的人民一样，不过农村人民，从事于单纯而保守的工作，加以交通的不便，文化不易传播，后天的教育，遂决定农村人民智识的低劣。

（三）农村人民，因受环境的支配，遂结成了特殊的心理现象。农村人民，因受地域的限制，所以地方观念很重。他们对于地方内的邻居，彼此间是面对面的直接关系，故能互相了解。他们彼此间的关系，不是基于经济利益上面，而是基于个人感情上面的。

他们所处地方内的彼此关系，因为职业上的不相关联，所以是绝对个人主义或家庭主义的。他们的生活，直接受自然的势力所支配，对于自然现象，遂发生恐惧的心理。加以文化程度不高，不但不能控制自然，且对于自然不能有所认识。当然的结果，便是对于自然的崇拜。加以家族主义的发达，祖先的崇拜，也随之发生。于是迷信的心理极重。自迷信的结果，便是听天由命的保守心理的发展。

（四）农村社会的文化的特征，最明显的，可由社会组织方面表现出来。农村社会里的组织，家庭是惟一的社会中心。农村社会，所有的教育机关，至多是几所初级小学。但是负广义的教育的任命的，还是农村家庭。农村儿童，自襁褓至成人，所有的接触，只是农家周遭的环境。他们所有的耕种的知识，都是无形的从他们父母那里得来。农村社会里，共同生活的基础，不是文字的传达，而是共同言语的授受。农村里消息的报告，耕种技术的传授，都是以这共同的言语为媒介。

（五）农村社会的经济组织，完全和别的社会不同。农业是个原始的生产，又受土地报酬渐减律的限制，所以经营的资本是不大的。农业生产的方式是体力的；生产的收获是未熟练的原料。农业所占的土地很大，工作的程度，受季候的变化而转移。农村的生产，大部是运输到别地去销售的。而日用品的需要，则取给予别地。农业生产的收入很微，而日用品的价格很高；加以交通不便，运输困难，又以季节的变动，收入不常，所以农民的经济状况，是畸形而恶劣的。农村社会里，少有金融流通机关，因之，农民不得不受土豪劣绅的高利贷的剥削，形成了佃租问题，激起农村生活的动荡。

社会教育的意义

社会教育这个名词的发生，是与学校教育相对而来的，在学校里所施的教育，是学校教育；在社会各机关所施的教育，是社会教育。又有人说，学校以外的教育，就叫社会教育。以上两说，均欠明了。我们先就前说而考察之，社会上种种机关，大抵含有教育的意味。例如报馆，他确实是可以开发民智，戏园有时可以移风易俗，娱乐场有时可以安慰民众精神，我们不能不认他是广义的教育机关。但是"社会各机关"这句话的界说太大，可以包括社会上一切机关，当然应该包括社会上全部机关。那么，学校这个机关，也应该包含在内。那么，社会教育可以说即是教育。学校教育，不过是所谓的社会教育的一分科罢了。社会教育这个名词，根本可以取消。其次，就后说而考察，我们知道教育除开学校教育、社会教育而外，还有家庭教育的存在。例如胎教，抚婴育儿，这就是家庭教育上值得研究的事业。所以学校教育以外的事业，不一定是社会教育的事业，学校教育以外的教育，当然不能说是社会教育了。

那么社会教育是什么呢？根据马宗荣先生的主张，以为社会教育是：

"国家公共团体或私人为谋社会全民资质的向上，以社会全体为客体，使影响及于社会全体的教育，叫做社会教育。"

详细的说，就是设法使教育事业的范围，尽量的扩张，使他社会化、全民化。借家庭和学校以外的种种教育机关，应用种种的手段，在实际的生活场中，不问其老幼、男女、贫富、贵贱，凡属未受成熟教育的人，均教化他，以增高社会全体的教育程度。使社会的改革上，进步上，受有益的影响，这就叫做社会教育。

社会教育的原则

实施社会教育，必须依照民众教育的原则，方能达到社会教育的目的。兹将社会教育实施的一般原则，略述如下：

（一）社会教育要普遍化 民众教育，既是为全国民众办的，必须使人人皆有受民众教育的可能。因为社会教育，既无年龄的限制，而且性质及方法，可随受教者的需要而定。所以民众社会教育的势力，最是伟大，也最是普遍。其目的在使人人有均等及相当的机会，以求得其所需要的教育。

（二）社会教育要浅易化 普通各种教育的方法，不是过深，就是太难。不易使一般失学或教育程度低下的人，了解而能领受其利益。所以，社会教育的一切设施，务求浅易。如所用的教科书，必须比普通一般学校所用的教科书要格外地容易明白。再受社会教育的人，多半因为他们的生活的关系，没有充分的时间去求学。社会教育就要打破那般不能受均等教育的人的生活之限制与束缚，使他们都有一个机会，求得需要的教育。因此一切设施和方法，都根据他们生活的情形，务求简单而浅易，不妨害他们的工作和生计。

（三）社会教育要经济化　许多人固然是因为受时间的限制，不能求学；还有许多人，因为受经济的限制，也不能求学。大多数人，是因为经济压迫的原故，不能受正式学校教育，才不得不受社会教育的。所以要求民众教育普遍化，还得要经济化。使受教的人，在经济方面，绝对不负责任。而施教方面，一切设施的方法和工具，也必须将经济问题，缩小至最低限度，以求社会教育的推广与普及。

（四）社会教育要实用化　社会教育的课程，务求实用。所用的一切教材，必须实用化。根据民众生活，务使所选用的教材，适应他们的需要，具有实用的价值。

（五）社会教育要科学化　所谓科学化，是什么？就是根据科学的原则，客观的标准和论理的精神，去研究和解决民众教育的各种问题。譬如全国的不识字的人有多少？怎样测验不识字的人？教科书怎样编辑？一个人最低限度应当识多少字？……这些问题，非用科学的方法去研究，不能圆满地解决的。

（六）社会教育要生活化　所谓生活化，要包括下面几个原则：（A）公民的陶冶；（B）生产的技能；（C）卫生的习惯；（D）艺术的兴趣。我们要靠着伟大而普遍的社会教育的力量，使最大多数的民众们，得到公民教育的熏陶。利用科学，改进生产的技能。日常生活，合乎卫生的原则。利用休闲时间，从事正当的娱乐，培养艺术的兴趣。

社会教育的对象

有些人以为社会教育的对象，是限于成年的人；又有些人以为社会教育的对象，是限于受学校教育以外的人，这是错误的。社会教育是以社会全民为对象的，不论是老、是幼、是男、是女，不拘是贫是富，不问其职业的地位如何，社会全民都是社会教育的对象。社会教育是想实施彻底的教育，机会均等主义的。多时间的，时时继续来受教，少时间的，间隙的、片断的来受教。社会教育，是以公民、职业、学术、健康、休闲的五方面，启发一般社会的民众。凡关于上述任一方面未成熟的人，为想求一系统的学问而来受教，固是社会教育者的好学生。即为想学一技一能，片鳞只爪的知识，作片刻的修养，极短时间的锻炼，也是社会教育的良友。

社会教育的事业

社会教育的目的，是想实施社会全民的教育。社会全民的教育，好比狂澜一般，不是只手能挽的。好比大厦一般，不是独木能支的。所以，社会教育的一切事业，有待社会全民的帮忙。不拘个人与团体，均可以干社会教育的事业。国家、社会、地方党部、学校农会、工会、商会、学生会、宗教团体、报馆、教育会……无一不可以做社会教育事业的。

社会的事业。可分五个方向：（A）社会的公民教育；（B）社会的职业教育；（C）社会的学术教育；（D）社会的健康教育；（E）社会的休闲教育。公民教育用来救社会的散，职业教育用来救社会的贫，学术教育用来救社会的愚，健康教育用来救社会的弱，休闲教育是养成民众们能利用休闲时间，做各种正当的消遣。

本书限于篇幅，对于社会事业，不能逐项说明，兹将五项事业中的重要者，于下面几节，详加讨论。

例如农村社会的公民教育的各种事业，只讨论一个农村自治。农村社会的学术活动，只论及民众图书馆与民众学校。

第二节　农村社会的公民教育

公民教育的理论和事业

中国几千年来的政治，缺少组织。国民除了家族，宗族团体以外，就没有更大的团结。因此，许多国民，都变成了目光短浅，自私自利的个人主义。对于社会的公益事业，兴趣降至零度，而社会遂如一盘散沙。

所以公民教育的设施，最大的使命，在养成健全的公民。培养农民自治的能力，组织国家万千个整政治细胞。使人民自能感到团体生活的需要，视各种公众事业，如视他私人的企图一样。

本节的目的，是在挽救农村的散。他的事业，分为精神建设与物质建设两方面如下：

一 精神建设

1. 组织自治会。

2. 设立储蓄会。

3. 成立励志社。

4. 组织主户会。

5. 组织保卫团。

6. 组织慈善机关。

7. 风俗改良会。

8. 破除迷信委员会。

二 物质建设

1. 筑路会。

2. 开河会。

农村自治的意义

农村自治，是国家组织的基础。我们要使农村的人生，个个能够自己管理自己，用了自己的力量，自去开拓生路，自去探求进步，自求农村发展，造成模范的乡村。使全部农民，得以增进幸福。使国家基础，得以无限向上。

所以农村自治的事业，可分下列数点：

（一）自己管理自己农村自治，便是一个以农业为主要职业的村民，大家联合起来，处理共同的事务。

（二）责任心自治的精神，在办事的责任心上，可以显露出来。全村的事务，看得好像自己的事情一般。

（三）自治的能力自治的推进，都要靠着自己的能力的。一切的事情，大多数的村民，都要参加工作，就像自己一身的事务一样。

农村自治的组织

农村自治的组织，以山西施行最为严密。本书第一章上，已略述其梗概。兹根据杨开道先生的农村自治一书（世界出版）关于山西的村落组织，摘录如下：

山西施行自治，最先也拿村作单位。民国六年九月，山西所颁行的县属村制通行简章，是以三百户为一村，设村长一人，并没有其他的阶级。七年四月，又颁布村编制现行条例，在村的下面，加了闾的一级。其组织方法，以二十五家为闾，设闾长一人，满五十家则设闾长二人。人口更多的村子，闾的数目，依比例递加。不过因为居民的聚散，以及习惯的便利，多于二十五家或少于二十五家的地方，也可编成一闾，每闾设闾长一人，去辅助村长的工作。到了七年十月，因为三百户的限制，实在太大，山西农村，过三百户的实在不多。所以重新修正各县村制简章，把人口的限制，从三百户减少到一百户。据修正简章的办法，一百户以上的村落，便可独立编成一村，有村长一人，村副一至四人。不满一百户的村落，可联合起来，编成一村，村内设村长，副村内则酌设村副。距离太远（没有规定多少远）或有特别情形的村落，他的人口，虽然不满百户，也可以特别通融，自编一村，不必和邻村联合。村的下面，还是照原来的办法。民七，十一月，所颁行的县地方设区暂行条例，各县分区，以三区至六区为度，就地方情形，户口多寡，习惯便利去划分。每区设区长一人，区警若干名，归区长兼管，把地方警察权，也交到自治团体的手里。所以那时候山西的农村自治，已经发达到区、村、闾三级制度。后来因为偏关系吊子沟村长王树兰在他的村子五家编为邻，选邻长帮助闾长的不逮。阎省长认为于行政有益而无弊，所以在十一年三月，通令全省施行。以后修订的乡村编制简章，便把五家为邻，设邻长一人，在五家以上，十家以下者，可设邻长一人的条文，在十六年八月加入，完成了现在流行的区、村、间、邻四级制度。山西农村自治的制度里面，虽然有区、村、间、邻四级的规定，但是真正的单位，还是在村一级。间、邻不过拿来补村的不及；区不过拿来连接县和村的间隙，作一个起承转合的机关。

现在要把区、村、间、邻的四级自治制，再作一个纵的研究。

（一）区　区自治的阶级，相当于旧日的乡。普通的县分，多半是分为十几乡，每乡分为十几村。至五六十村不等。所以一个县分里面，总是有好几百村子，要是完全拿村作自治单位，由村社直接县长，县长就会应接不暇。监督指导，都不能四面顾到。所以应当在村长和县长的中间，有一个承转机关。在县城和村庄的中间，有一个区域的中心。使远处的村长，不必一一跑到县里去办交涉，而县长也不必一个一个的去管理无数的村长。这个中间的阶级，叫他区也好，叫他乡也好，叫他团也好，我们都不去管他，只要有一个区域的分心，承转的组织，便行了。至于区的数目，完全看一县的村数而定。村子多的县分，区也应当多，村子少的县分，区也应当少。二三十个村子的小县，简直可以直接办理，用不着区的阶级。不过那样的小县，是极少的。

（二）村　村阶级的存在，大约是没有疑问。因为村便是农村政治和社会的单位，人群集合的基本。没有村的阶级，也没有社会，更谈不到自治了。现在我们所要研究的，是村的编制和村的大小限度。在普通的村落里，一地方的农民，成千成百的聚居在一个村落里面，不是散散漫漫，东一家西一家的，东几家西几家的，编制的问题，十分简单。凡农民的集合体村落数目到了一百户或是若干户以上的，便可独立编成一村，作为自治的单位。户口较少的村落，三村或二村联合起来，编成一个自治的村，也比较的简单，只消指定一个较大的作主村，其余的便算副村。在人口散散漫漫的地方，一家一家的分离得很远，当然应当在一个地位适中，交通适中的村落里面，做村的中心。这个村落，不一定是一个最大的村落，不过是一个最便利的村心。当然村公所村学以及其他各种自治事业，都要设立在这村落里面。在这个村心的周围，依照距离的远近，交通的便利，把比较方便的小村落，一齐划到这个自治村的范围里面。

（三）闾邻　山西制度及其他自治制度，多半是五家为邻，五邻为闾的办法。不过那种办法，一百户的村子，便要许多的职员。人民牺牲的光阴太多，指挥麻烦。并且这种办法的分割，是太机械化了。最好一个村子，应当按照村民居住的聚散，家庭宗教职业以及其他种种关系，酌量分为几个乃至几十个。较小一层的区域，便可直接行到各家，用不到闾邻的两层阶级的。

农村自治组织的单位，在理论上实际上都以户为单位，而不以人口为单位的。这种组织单位，不合民主潮流的。因为一个户内，只有一个人代表说话，其余人的权利，岂不是都被抹煞了。并且一家的人口，多寡不等，组织起来，相差很大。所以村治的组织，应当以人口多少为标准，才为合理。

农村自治的训练"劳心者治人，劳力者治于人。"中国农村的统治者，依旧被这两句话支配着。农村的绅士，总是农村的统治者，真正的农民，全体是被治的。这班乡村统治者，有的曾经读过几年书，对于政治作用，有一知半解的知识。有的仗着家产的雄厚，拥有多量的土地。有的靠着一张利嘴，可以和人家辩论。有的依着那枝秃笔，可以代替人家做做状纸。他们虽然不是个个是土豪，个个是劣绅，可是，顶好的绅士，最重要的工作，便是维护自己的利益。

除了绅士们统治了整个农村人民以外，还有族长的势力，竟然可以捉住那农村各家族的灵魂。那般族老，总是些思想陈旧，脑筋昏庸的人们。他们对于新思潮是反对的，对于科学是非难的。因此中国的农村，数千年如一日，老是没有进步的。

我们要实施公民教育，于这样的农村社会，叫他们组织自治，决不是一天可以成功的，必定经过下列几个步骤：

（一）宣传时期。自治实行的初步，定要用教育的力量，广事宣传。总要使大多数的村民，对于自治的意义，本村的事业，都有深切的了解，热烈的同情。

（二）组织改进会。集合农村里热心有志的人们，组织改进会，从事农村的调查，确立改进的方针，规定建设的事业，并筹划经费，用以推进事业的实施。

（三）设立生产部。农村人民的生活，及文化上一切必要的设备，须由农村自己负责，才合自治的原则。所以农村自治的最后步骤，要尽力为农民生产。使他们经济宽裕，得有余力，从事农村事业。

农村自治的领袖

农村自治的领袖，大概可分：（A）行政的领袖；（B）精神的领袖；（C）技能的领袖三种。这般领袖，定要有强健的体魄，丰富的知识，伶俐的知巧，服务的精神，温和的性情……等，才能领袖农民，发展农村。

（A）行政的领袖。行政的领袖，当然就是村长了。他是一村里面最重要的人物，对于全村的事业，人民的幸福负有绝大的责任。一个村子办得好，自然他的耀荣。一个村子办得不好，自然他的过失了。

村长的任期愈长愈好，因为任期长了，一个人才能安心任事，才能展其怀抱。不然今天换一个，明天换那个，情形还没有熟悉，计划还没有实现，已经换上了一个生手了。所以村长的任期，至少三年一任，方能表现一个人工作的具体成绩。最好是任期无限，只要他自己不辞职，村民对于他没有不满意的地方，尽可继续的连任下去。

至于村长的报酬，要视其服务的长短而定的。倘使每日在自己工余之暇，为全村服务，这种村长，当然没有报酬的必要，只消稍为有点办公费便算了事。

不过我们理想的村长，决不是敷衍塞责的村长，乃是一个担负全责，服务全村的村长。他必需有长时间的训练，充分利用全部的精力，所以全体的光阴去做全村的自治事业，求谋全村大众的幸福，村长的报酬，最低限度，总要给他一个生活的薪俸，使他用全副精力，替全体村民服务。

（B）精神的领袖村长。是农村行政的领袖，教师便是精神的领袖。村长好像是人体的肌肉，代表权力。教师便像人体的大脑，代表思想。这样教师的地位，是设在农村自治的中心。

虽然，小学教师所直接管辖的，只有小小的一个学校，直接接触的，只有三五十个小学生。然而间接的影响于农民的精神，将来影响于农村的文化，比任何的领袖，来得伟大。靠小学生的小嘴，可以传达许多新知识和新思想，到各个家庭里去。并且为设施各种社会教育，各种自治等活动的中心。

不过现在一般农村小学校教师，为了生计问题和工作问题不得解决，那里有闲暇的时间，去指导农民，为农村服务呢？要解决这个问题，就要靠着技能的领袖的指导了。

（C）技能的领袖。农村的改造，倘使生产的技能，没有改进，生产的数量，没有增加，什么的改造，都是空的。因为要改进农村，当然要以经济的改造为骨干。尽量改进农民生产的技能，竭力增加生产的数量。

这个技能的领袖，当然以农教馆长负责的。品种的介绍，耕种技能的改进，简易新式农具的创制，施肥的改良，土壤的研究，气象的测量，副业的提倡等等，都要由农教馆负责推进。改良农民的生产的技能，使农民施用新式的农具，应用良好的品种，施以特效的肥料，致使家家户户，生产激增，这样农民的富力，就能一天增一天了。

不过，现在一般农教馆的工作，一味着重于文字的宣传。粉饰虚张，敷衍塞责。农民实际的得益，真是微乎其微，竟等于零。

以上所述三种领袖，不是各行其是的。是互相联络而成三位一体的。譬如品种的介绍，行政领袖的计划，精神领袖的宣传，技能领袖的实行，能使良好品种，全村农民，皆愿乐用。期年之间，良好品种，竟可普遍于全村。

农村自治与经济问题的解决

农村自治的经费，是自治里面一个重要的元素。因为没有钱，自治便不能举办。但是经费的筹措，在衰落的破败的农村里，连自己个人的衣、食、住尚且不能解决，那里还有闲钱，去办农村自治呢？

所以，要实施农村社会教育，办理农村自治，须先解决农村经济问题，使他们生活宽裕，无衣食之虑，然后可以实行真正的农村自治。

解决农村自治经济问题的方法，有下面几个根本的办法。

（一）农事的改进 增加收入的方法

（甲）生产方法的改进

1. 社会的演进，不是一成不变的，故老农经营农事，不能专恃固有经验，须应用科学的原理，改进经营的方法。

2. 作物常受虫害或天灾等患，致生产力减少，须事前预防发生，俾生产力发挥无余。

3. 利用优良农具，使工作精美，工程迅速。如抽水机，新式犁耙及播种机的应用。

4. 农民技能的改进，即熟练方法，巧妙运用。

（乙）收益的增进

1. 提倡副业 其办法如下：

A. 对于乡村妇女，开办工读班，以生活活动为中心。所授科目，工艺时间，应超过文字教育的时间。成绩优良者可给予工资。

B. 由农村改进会，联合职业团体，先设立各种传习所或讲习会，招收艺徒，以预备将来指导人才及技术人才。

C. 由农村改进会，联络当地人士，试办小规模的工厂及特约农田，以便农村妇女们的工作，增加农村的生产。

2. 开垦荒地。这种荒地，有两种：一种是无人纳税的地，当由公家收管开垦；一种是有人纳税而不耕的地，当科以值百抽五的税，及至开垦完竣为止，如三年后仍不开垦，就当充公家开垦。

3. 整理耕地　由农村组织自治团体，以购买公共耕地入手。

4. 提倡造林　其办法如下：

A. 凡公有荒地，应声请登记，否则即收为公有。

B. 登记后，山主的荒地，限一年或两年，分期造成，否则收归公有。

C. 山主无力造林时，于接到官厅限期后，应即随时呈报，便由官厅代为建造，俟成林后，可酌量分配其利益与山主。

D. 山主如愿自动造林，而无力购置树苗的时候，应由农村改进会，廉价或无价赠送。

（二）金融的调剂　减少支出的方法

1. 组织信用合作社。信用合作社有两种事业：一种是低利借与社员产业上必要的资本；一种是办理社员储蓄的事务。他的好处，既可减少农民受债主的虐待，又可养成组合员储蓄心。

2. 组织购买合作社。购买合作社的事务，可以分做三种：一种是替社员购入消费上的用品，如米、麦、酒、肉、布等类；一种是替社员购入生产上的用品，如肥料、饲料、种苗、农具等类。

总之，农村自治的发展与完成，须待于农村经济问题的解决。具体的办法，当于农村的职业教育内详述之。

第三节　农村社会的学术教育

本节的目的，是挽救农村的愚，他的事业，分为固定的与活动的两种如下：

甲、固定的

1. 民众图书馆。

2. 民众夜校。

3. 阅览室。

4. 巡回文库。

5. 壁报牌。

6. 科学社。

7. 问字处。

8. 民众报馆。

乙、活动的

1. 识字运动。

2. 劝学运动。

3. 文盲调查。

本章讨论，以怎样组织民众图书馆及民众夜校实施民众教育为中心。

（一）民众图书馆

民众图书馆，对于宣传文化，提高知识，负有重大使命，他应当包括下列几个特质：

A. 普遍性。民众图书馆与普通一般图书馆不同的地方，就是在这个普遍性。因为民众图书馆的对象，为全社会的民众，年龄不论老少，性别不分男女，资格不论高下，财产无论多寡，一律予以均等的受教的机会。

B. 浅易性。民众图书馆里所藏的书，力求浅显。因为一般民众的知识，程度幼稚异常，为合于他们的口味起见，藏书不得不备有浅易性的。

C. 实用性。民众图书馆的内容和办法，要切合于民众的生活。民众到图书馆来的，并不要研究什么高深学问，只求解决他们生活上所发生的问题。即最浅近最低微的职业界，他们也有到图书馆的必要。比如做木匠的，他就当到图书馆里来，看有关于木器制造的书籍，以供参考。比如同样大小的木块，往往因裁截的方法不同，而可以增加他的面积和效用。这种书籍与他的生活，极有关系的，很切实用的。

D. 活动的。图书馆的设置，通常都视为静止的机关。只须有了相当的房舍，几册的图书，即成冠冕堂皇的图书馆了，民众图书馆则不然，他真的要做社会文件事业的中心，所以民众图书馆，应当活动的。图书要巡回，要活动，决不是藏在馆里就算了事。

E. 经济的。民众图书馆的设置，决不铺张扬厉，动辄数十万金，方成一馆。他要以最少的金钱，建立最有效力的民众图书馆而从事于社会文化的宣传与夫民众知识的提高。

F. 休闲的。民众图书馆的设备，要有休闲的生活的设备，使民众进图书馆，好像有听戏的一样有趣，进茶馆和酒馆一样的快乐。图书当中，要有书，也有文，也有歌，也有曲，除了看书以外，还可以看看美丽的画片，哼哼抑扬的歌曲，唱唱婉转的诗文。有时候还可以开开艺术展览会，映映电影，差不多可以做民众娱乐的中心。

民众图书馆的管理

从前的图书馆，人家多以为他是养老院，年纪高大的，或者不能做其他工作的，只要认得几个字，就可以就图书馆里的事。现在民众的图书馆，是为社会文化的中心，提高民众知识的先锋，当然不能用以前管理的方法来管理了。所以对于民众图书馆管理的技术，这里有讨论的必要。

（A）图书的选购　办理民众图书馆的人们，对于选购图书，时常要感到漫无准绳的困难。倘使选购不慎，则所购的书籍，不但浪费金钱，并且不适于民众的需要。所以选购图书，应当先行参考各书坊的图书目录，然后依照下列的选择标准，选购图书。

1. 适合民众的需要。民众图书馆，既是以民众为对象，购办书籍时，我们时时不能忘记他们的需要。

2. 提高民众读书兴趣。知识浅薄的人，他们的志趣，也就不见得高尚。办理民众图书馆的人，应当选择浅近显明的各种书籍，介绍给民众，提起他们读书的兴趣。

3. 多购新版书籍。学术的进步，日新月异，新书的出版很多很多。民众图书馆，须随时审阅内容，尽量添购。

4. 注意内在的质量。在吾国现在出版幼稚情况之下，民众图书馆里所要购的书籍，必须特别注意他的内在的质量，对于各书坊出版的民众读物，尤须特别的注意与研究。

5. 计及预算标准。书籍选购，应有预算。必须注意到经济的能力，以不超出预算为佳。

（B）图书的分类 为使用图书的便利，我们对于图书，必须分类，分类的时候，应当注意下列两事：

1. 要有随时扩充的可能。图书馆是个生长的机关，书籍是随时增添的。所以分起类来，不仅是要合于现在的情形，拘束于现在的几本书籍。要有远大的眼光，适合于将来的需要。

2. 划一新旧书籍的分类法。现在许多的图书馆，往往将新旧书籍的分类，施用两种方法，容易使书籍的眉目不清，使用不灵。这实在是一个极靠不住的办法。所以新旧书籍的分类要划一，以清眉目。

兹将蒋希益，袁世忠的民众阅书处图书分类法，介绍于下，以便简易的民众图书馆的采用。

（一）标准

根据民众在学问上之直知直觉，参酌杜威之十进分类法，王云五之中外图书统一分类法及徐旭之民众图书分类法，分为十类，定名民众阅书处图书分类法。

（二）标记

以每类名之第一字代表该类图书，其后又以一〇二〇三〇四〇五〇六〇七〇八〇九〇分该类为十种标签。下半部前以阿拉伯字母排列书之先后，后数目为代表该书之册数，又以长划分该书册数之次序。如有同样两册号目相同，仅于分类簿上注明几册。

（三）目录

本分类法系自制活叶目录分类排叠，俾便于添进，无卡片之复杂，书本之呆板。

（四）排列

排列法采用图书陈架排列法，依分类标准大小排别，并于排架时在每类图书之前，排一木板，上书明某某类及其十部之标记及名称，以便利民众检查。

（五）类表

〇〇〇总类

〇一〇书目图书学

〇二〇中国经籍

〇三〇普通类书

〇四〇百科全书

〇五〇普通杂类

〇六〇各种报纸

〇七〇业书会刊

〇八〇各种字典

〇九〇特别藏书

一〇〇社会类

一一〇史地

一二〇党义

一三〇政治

一四〇经济

一五〇社会

一六〇教育

一七〇法律

一八〇军事

一九〇哲理

二〇〇自然类

二一〇天文

二二〇物理

二三〇化学

二四〇地质

二五〇考古

二六〇生物

二七〇矿物

二八〇植物

二九〇动物

三〇〇文学类

三一〇小说

三二〇诗词歌谣

三三〇剧典剧本

三四〇童话寓言

三五〇笑话谜语

三六〇游记故事

三七〇连环图小说

三八〇语体文

三九〇文言文

四〇〇应用文类

四一〇尺牍

四二〇便条

四三〇契约

四四〇簿据

四五〇礼帖

四六〇联语

四七〇公文电报

四八〇标语广告

四九〇寿文讣文

五〇〇健康类

五一〇生理及解剖

五二〇卫生

五三〇运动

五四〇拳术

五五〇休养

五六〇游戏

五七〇医术

五八〇药物及验方

五九〇看护术

六〇〇职业

六一〇农业

六二〇工业

六三〇商业

六四〇渔业

六五〇蚕桑

六六〇建筑

六七〇化学工业

六八〇制造

六九〇杂技

七〇〇算学类

七一〇珠算

七二〇算术

七三〇游戏算学

七四〇利息

七五〇代数

七六〇几何

七七〇算学习题

七八〇算表

七九〇初步统计表

八〇〇语言类

八一〇国语学

八二〇注音符号

八三〇术语

八四〇音韵学

八五〇方言考

八六〇演说学

八七〇辩论术

八八〇修辞学

八九〇外国语

九〇〇艺术类

九一〇图书

九二〇音乐

九三〇书帖

九四〇照相

九五〇装饰

九六〇印刷

九七〇雕刻

九八〇娱乐

九九〇跳舞

（C）图书的出纳

出纳的意义，就是图书的借出与归还的手续。这方法要简单，规则要宽大。不要诸多麻烦，令人裹足不前。普通阅览，分馆内与馆外两种。馆内阅览，限于阅览室。对于随意浏览的书籍，放在架上，民众即可随意翻阅。馆外阅览，不限在阅览室内阅览。兹将出纳手续，详述于下：

一、借书手续

A. 接收阅者填写阅览券

1. 普通阅览券

2. 特许借阅券

B. 持券到书库内照码取书

C. 交付阅者

1. 普通阅览存阅览券

2. 特许阅览注限期填写存查证

二、还书手续

A. 检查书籍可有损坏

B. 查对阅览券

1. 普通阅览盖验收印

2. 特许阅览检存查证注交还期盖验交印

民众图书馆的推广事业　民众图书馆是民众知识的泉源，是民众万有的宝库，是改造社会的原动力，他能使一般民众的知能，继续向上的发展。

兹将民众图书馆的推广事业的设施，分述于后：

（A）读书会

1. 宗旨　使一般民众，不受经济时间的限制，而有读书研究的机会，增进他们生活的知识技能。

2. 办法

（子）会员　凡年在十六岁以上的民众，具有读书兴趣的，不论职业性别，都可为会员。

（丑）工作

甲．阅书　每月至少阅书五册，作成笔记，交馆中批阅。并考查每月进展成绩。

乙．生活杂记　每月至少作四篇，体裁不定，成绩优良的，可在馆内刊物上发表，或壁报上公布，以资鼓励。

丙．习字　以小楷为主体，每月至少写若干张，字体随各人性情所近。

（寅）权利与义务

甲．权利　读书会的会员，得享受馆中出版刊物，借阅馆内图书。

乙．义务　劝导亲友阅书，不单自己常常利用图书馆，并使一切人能利用图书馆。

（B）研究会

1. 宗旨

研究会和读书会略有不同，一是程度有高低；二是性质有分别。研究会着重于研究，造就一般民众的生产技能与提高他们知识的程度。

2. 办法

（子）分会　研究会的范围很广，适应社会潮流，适合民众需要起见，可分下列几种：

甲．学术研究会，包括公民、史地、自然、农事等科的学术探讨。

乙．合作研究会，包括消费合作、生产合作、信用合作等的性质组织与实施。

丙．技术研究会，包括农、工、商等生产技能的探讨。

（丑）工作 或开会研究，或专题研究。务将研究所得，关于学术合作的，则可公布大家，以资宣传。关系技术的，则当立即实施，以证效用。

（C）讲演会

1. 宗旨

性质可分学术讲座与民众演说两种。学术讲座的主旨，在指导民众阅读图书方面的问题，或道德的修养，职业的指导等问题。民众演说的主旨，在使民众练习思想口才，增进发表言语的技能。

2. 办法

甲．学术讲座 择农民暇时，聘请专家讲演。

A. 关于文字教育的 如读书方法，习字方法，作文方法……等。

B. 关于公民教育的 如公民道德党义……等。

C. 关于生计教育的 如园艺栽培，农业改进，合作运动……等。

乙．民众演说会

A. 题材由各人自定，意义要新颖，不背时代趋向。

B. 时间可无限制，以发挥透彻为能事。

C. 评判评判人须大公无私，严格纠正，使得民众于思想上、言语上、姿态上、结构上都有相当的认识，而知改进的道路。

（D）展览会

1. 宗旨

图书本来是静的东西，但是有了推广事业，图书就变做活动了。有了展览会的组织，民众图书，更易生动，而图书馆事业，更见活跃了。

2. 办法

A. 类别　分图书展览会，书法展览会，农产品展览会……等。

B. 布置　将图书或书籍，辟出几间房子，先事设计，布置得和艺术馆一样。五光十色，琳琅满目，把民众吸收进来，互相展览，以资竞争。

其他如壁报、巡回文库、问字处……等，都可以做民众图书馆的推广事业，使图书馆的事业，更形生动。

（二）民众学校

这里所提倡的民众夜校，不是普通所谓的校地不活动，时间不活动，教材不活动，和教法不活动的民众学校。我们要依照教育的原则，根据民众生活的情形，适应他们不同的需要，以期达到普及识字教育的目的；并能改进他们生活的技能。

我们的民众学校，完全要采取活动的办法。关于校址，凡系固定的机关，有固定的办事人员的，都可以附设。关于时间，毫不限定。随民众的方便，随时到校授课，以免妨害他们的生计和工作。关于教材，要根据各种职业的人的生活需要，分别选择。关于教法，要依照各人的知力与原有知识程度，用个别的教授。

民众学校的教材　完全根据了认字目的而编辑的，自然根本不能适用；而且生字密度高，材料不适合民众的需要。所以编辑民校读本，应有下列几个标准。

A. 字数增加——为了训练民众阅读能力，字数就应该增加。譬如我们阅读书报，并不是从每个字的认识而出发的，却从字组合而出发的，愈熟练愈迅速。现行的读本，都是生字所组成的。学生练习生字的认识，还来不及，更谈不到阅读的熟练和迅速。现在四册读本，只有五千五百八十余字，至少还应增加十倍以上，使之养成不逐字来看的习惯。句话重复，就是练习速度和阅读熟练的最好方法。

B. 生字的减少和补充读物的阅读——课文内生字与字数总数的比较，应该成为生字少。而字的总数增加得愈多语法愈重复，使其能自己单独阅读和探求内容的习惯，养成其独立阅读的能力。因此，民众补充读物的编辑，实在是刻不容缓的事。在学校中，如果学生只有跟从先生范读的能力，等到毕业以后，学生就不会有单独试探阅读的勇气。因此，在学校中，最后二三学月中，教师就要负担指导课外读物的责任。

C. 编辑材料的选择——民众读物内容，材料的选择，不是简单的事。材料应分为消闲阅读和应用阅读两种。体裁要多变化，不论故事、小说、诗歌、戏剧、日记、尺牍、应用文、论说、记事……各种体裁，都可应用。取材要合乎民众的兴趣和需要。

D. 内容生活化——教材的内容，定要适合民众的生活，对于农事方面，品种的选择，耕种的科学方法，新式农具的介绍，都要融纳在教材的内容里，以应民众的需要；而改进他们生活的技能，增进生产的数量。

民众学校的管理 民众学校的学生，年龄和性别，至不一律。而青年与成人，男性与女性，他们的生理心理及个性方面，各自差异。所以管理的方法，不得不因人而施，以收教育的效果。

A. 青年管理法——青年学生，性情活泼，言语行动，不知检束。宜于直接劝告，更宜利用青年的竞争心，培养他们有勇于改过而乐于为善的习惯。

B. 成年男生管理法——成年男子，入世较久，对于人情世态，已有阅历，自多循规蹈矩。间有犯过的，宜施个别谈话，婉言规劝，俾能反省。

C. 妇女管理法——妇女心情富于羞恶及名誉心，应采取间接暗示法（或旁敲法）为宜。或利用教材，而实施管理。若直接管理，很足以影响于妇女的生理及心理方面的变化，不宜采用。

民众学校的招生和留生问题 的确，许多的实施民教的专家，为这招生和留生问题，曾经费了不少的精神，来挽救，来解决。如张贴广告不行，进而用图画宣传，再进而用戏剧启示，更进而用逢人苦劝的方式。在办理的可谓不遗余力了。如此苦口婆心，各民校学额，理应充满。求学也必始终如一。然而事实上往往适得其反，一般民众学校，在开学伊始，学生的确能异常踊跃，大有拥挤不下的势头。迨后逐渐改少，直到毕业的时候，简直寥若晨星，所剩无几了。

学生缺席的原因 我们要解决这个问题，先要追求他的原因，其中最大的原因，大概不外乎下列数端。

1. 缺乏读书的兴趣 在现在的社会中，读书的空气，十分淡薄。不识字的人，十居八九，需要文字的机会很少。就是不读书，也可以在社会上过生活。

2. 生计的困难 现值农村凋落，经济破产，一般民众，入不敷岁出。生计日感困难，谋生不暇，那能安心去求学读书。

3. 职业上妨害 一般民众，大多因为家境的贫寒，整日的工作，以图赡养家口。工作过度，精神疲乏，晚间急待休眠，实难循规蹈矩，入学读书。

4. 教材不适合民众的需要 这是最大的原因，许多民众来校读书，认识了一大堆的生字，对于他们生活的需要上，可说一点儿没有用的。

补救缺席的方法 所以对于这问题的解决，应当注意下列数事：

A. 教学的力量

1. 学校的地位要适中，并且能够时常流动，以便民众的入学。

2. 学校的内容须充实，不以识字为目的。凡对于民众生活技能上所需要的，务必尽量指导，以求实用。

3. 教材和教法，宜力求适合民众的需要和兴趣。

4. 教学时间，须根据学生生活状况，方能支配适当。不与学生工作时间相冲突。

5. 对于生活技能的改进方法，宜切实指导，增其生产而深厚其求学兴趣。

6. 时时访问家庭，以资联络。

B. 行政的力量

行政力量，最为伟大，如政府能公布命令，限期入学。并详订办法，严厉执行。那末，留生问题，就可解决。

问题（汇总）

（1）试述农村社会的特征。

（2）农村社会教育的对象是什么？

（3）何谓农村自治？

（4）农村自治的组织应当怎样？

（5）怎样训练农村自治？

（6）农村自治的领袖是谁？

（7）农村自治的经济应如何解决？

（8）试述民众图书馆的性质。

（9）略述图书馆的管理技术。

（10）图书馆里的研究会应当如何组织？

（11）民众学校的教材应如何选择？

（12）民校的留生问题应如何解决？

本章参考书目

社会教育的理论和实际——教育与民众第一卷第二号

民众教育的真义与其他教育的关系——教育与民众第一卷第八号

农村社会的特征——农业周报第三六期

民众公民教育之理论与实施——民众教育月刊第三卷第十一、第十二合号

农村自治的编制——农村自治第二章（世界）

农村问题的各个问题——农村问题第四章（世界）

农村地方组织——农村组织第四章（世界）

实行全民训练之方法——教育与民众第三卷第一期

农村自治的组织——农村自治第四章（世界）

农村领袖的人物——农村领袖第三章（世界）

从解决农村经济问题说到民众教育——农民教育第二卷第七期

民众图书馆新编——民众教育月刊第三卷第四、五期合刊

民众图书馆问题——民众教育月刊第三卷第四、五期合刊

民众图书馆选择书籍问题——同上

怎样开始分类图书——同上

民众阅书处图书分类法——同上

民众图书馆推广事业的理论与实际——同上

第九章　乡教运动与社会教育（下）

第一节　农村社会的职业教育

职业教育的目标

农村乡民的职业，都以农业为主体的。所以农村社会的复兴，要以实施职业教育为骨干。换句话说，就是要用教育的力量，以求生产的增加，而使农村经济富裕。

我国人口，以农民为最多，几及三万万五千万人，占全国人口百分之八十以上。这最大多的人们的生计，倘使没有相当的解决，那末，社会国家的各种问题，都不能解决。所以在以乡教运动为复兴农村的中心里，对于农村社会的职业教育，认为复兴运动中的中心之中心。

我们在实施农村社会的职业教育，有下列三个目标：

（A）调查农民的生活和农产状况农民生活，先要加以详细的调查，以明贫苦原因的所在。农产状况，也要细加调查，然后能够明了农民生产技术陈旧，可以施以改进的方法。

（B）指导农民增加生产的方法我国的农民，几千年来，墨守旧法。如改良生产技术，绝不能与欧美各国，并驾齐驱。所以我们要指导农民，交换优良品种，改良种植方法，以增加农民的生产。

（C）指导农民组织合作社组织生产合作社，消费合作社和信用合作社等，既可以使农民的生产增加，消费减少，又能防止重利借贷，免受土劣的盘剥。

农村社会的调查

以前的社会研究者，或作玄想的探讨，或为抽象的推论，其结果必与事实远离。所以我们研究农村社会的，必须用科学的方法，详细调查农村社会衰落的原因，与生产技能幼稚的毛病，而施以适当的补救的方法。

农村调查的步骤

农村调查，至为重要，既如上述。但调查工作，非常困难。实施步骤，须有严密的组织，不然，农民知识幼稚，容易惹起误会。兹本作者经验，规定调查的步骤如下：

（A）宣传实行调查以前，必定要有相当时期的宣传，使农民们明了调查的意义与目的。此项宣传，须用口头，笔头宣传，等于对牛弹琴。因为百分之八十以上的农民，是不识字的。

（B）请助手农村调查的助手，应是村长、族长或教师。因为这些人们，都是村中领袖，为一般农民所敬仰。请他们做了助手，有所询问，他们必定坦诚以告。这样方能得到真实的调查。

（C）调查时的服装与言语请到了帮手，就可以实行调查。不过调查时的服装，须农民化。调查时的言语，须土语化。

农村调查的表格

农村调查表格，可采用民众教育院施用的表格。该项表格，一部分系取材于上海社会局农村调查纲要，一部分系将金陵大学卜凯教授所定表格，略加修改而成，兹将各项调查表格附于下：

（一）农民心理测验表

农民心理测试表

姓名 性别

年龄 何村人

（1）识字否？

（2）识多少？

（3）要识字否？

（4）你看识字有什么好处？

（5）私塾好吗？

（6）学校好吗？

（7）那一个比较上更好？

（8）你要你们子弟识字否？

（9）你晓得某某民众学校（或机关名称）吗？

（10）你晓得某某先生吗？（办理乡教运动的人）

（11）我们来办夜校你来学习吗？

（12）你信菩萨吗？

（13）你信什么菩萨？

（14）菩萨有什么灵验好处？

（15）不信有什么报应？

（16）你信基督教（耶教）吗？为什么？那一种？

（17）赛会是什么意思？有什么用处？

（18）田与钱你看那样更好？

（19）什么比较上是最好？种田 做生意 做手艺 什么生意？什么手艺？

（20）你要有多少田？

（21）你要有多少钱？

（22）你们借钱利钱怎样算？重轻适中

（23）你对于你现在的生产（农村生活）满意不满意？无所谓

（24）你生病怎样办？顺其自然 自己想法 求神 找郎中

（25）中国郎中好？洋郎中好？那一比较起来更好？

（26）田里庄稼好丑，你的力量大？神的力量大？

（27）田里有蝗虫灾害，设法捕捉？或是烧香？

（28）你看男子应当几岁娶？

（29）女子应当几岁嫁？

（30）寡妇能否改嫁？

（31）童养媳制度好不好？

（32）娶妾对或是不对？

（33）据你所晓得的娶妾的人有几种用意？

（34）你欢喜赌钱吗？好不好？

（35）你欢喜吃酒吗？好不好？

（36）死人的棺材马上抬去埋了好呢？还是搁起来好？

（37）棺材浮厝会发生传染病的危险，你信吗？

（38）葬地的风水和死人的子孙是有关系吗？

（39）死人要超度吗？找谁？和尚　道士　尼姑

（40）财产归那一个继承好？螟蛉子　招赘女婿

（41）捐给庵庙办学校做修桥铺路及其他公益事怎样？那一种最好？

（42）你晓得国民政府吗？

（43）你晓得三民主义吗？

（44）你晓得国民党吗？

（45）你晓得大总统吗？

（46）你晓得皇帝吗？

（47）现在要做皇帝吗？

（48）你晓得县长吗？

（49）县长有什么用处？

（50）你晓得你们图董姓名吗？

（51）图董有什么用处？

（52）你晓得农民协会吗？

（二）农村概况调查表

（1）村名及地址

1. 村名（　）

2. 地址（乡、保、图、）

3. 境界（东至、南至、西至、北至）

（2）运输及交通

1. 道路（通至别村之道路）

A. 数目（　）

B. 平均宽度（   ）

C. 材料（土、矽石、青石）

2. 桥梁

A. 数目（   ）

B. 长度（   ）

C. 宽度（   ）

D. 材料（木、青石）

3. 河流（离本村三里以内之河流皆作为本村河流）

A. 名称（   ）

B. 数目（   ）

C. 发源地（   ）

D. 终止点（   ）

4. 输送及交通的工具

A. 种类（汽船、帆船、火车、小车、人力车、脚踏车）

B. 离最近之火车站有几里，并举站名？

C. 离最近之船埠有几里，并举埠名？

（3）人口

1. 本村人口总数约为若干？（   ）

2. 在最近五年中当地人口增加抑减少？（   ）

3. 在最近五年中新建之房屋有多少？（   ）

4. 在最近五年中移住他处之农家有多少？（   ）

5. 在最近五年中由别处迁移至本村之农家有多少？（   ）

6. 在最近五年中本村有由种田改至别项职业者否？（   ）

（4）村之组织及社会生活

1. 本村有村长，副族长，房长等制度否？（   ）

2. 以上各人其产生之方法若何？

3. 有国民党区分部否？何时成立？党员若干？（   ）

4. 有农民协会否？常务委员系何人？会员人数有多少？（   ）

5. 本村有特定之会期或演剧之时期否？

6. 本村吸烟之人，约有多少？（　　）

7. 本村酒馆有多少？（　　）

8. 本村饮酒之人约有多少？（　　）

9. 本村有无茶店？里面设备如何？（　　）

（5）灾害

1. 本村在最近三年内有否荒歉发生？

2. 荒歉的原因？（　　）

3. 荒歉的影响？（　　）

4. 荒歉发生的时期？（　　）

5. 在最近一年内有否大灾及窃盗发生？

6. 当地对于以上灾害有相当的防御预备否？

（三）农户生产收入概况调查表

（1）姓名

住址

年龄

种田　　　亩

已有田　　　亩

租田　　　亩

纳租　　　石

纳租银　　　元

（2）人口

种别	年龄	工作及工作能力

（3）每一轮种期间收获量及其价值

每年为一轮种期间

产别	耕种亩数	产量	价值	备注
稻				
麦				
豆				
棉花				
菱白				

（4）副业

业别	收入	费用	备注

（5）耕种费

费别	金额	备注

（6）实收入

收入　　耕获　　元

　　　　副业　　元

合计　　元。

支出

耕种　　元，

副业　　元。

合计　　元。

实收入　　元。

　　年　　月　　日

（7）建筑的材料

住宅的各部分	建筑的材料
墙	砖土墙芦簾或板壁
屋顶	瓦顶草顶
屋基	土砖船板或地板
窗	纸糊或玻璃

（四）农户住宅调查表

（1）姓名

地址

人口

大人（十五岁以上者）

小孩（十五岁以下者）

（2）形式（楼房、平屋或草屋）

（3）间数多少？（　　）

（4）每间平均有几平方尺？（　　）

（5）窗有多少，门有多少？（　　）

（6）住房之高度（　　）

屋檐约高若干尺？（　　）

屋顶约高若干尺？（　　）

（7）房屋是否皆修理完善？如否，则因何故？（　　）

（8）空气流通好或坏？（　　）

（9）与邻家靠牢的，抑是与邻家完全分开的？（　　）

（10）住宅四周有否树木及空地？（　　）

（11）如有空地，平日作何利用？（　　）

（12）此住房系自有的，抑系向别人租来的？（　　）

（13）如系租来的，每年出租金多少？（　　）

（14）每年约需修理费多少？（　　）

（五）各类农户调查表

（1）村名（　　）

（2）地址（　　）

（3）调查者（　　）

（4）本村耕种自己田圃的农人（自耕民）占全体农人百分之几？

（5）耕种自己田圃，但同时又佃耕他人田圃的农人占百分之几？

（6）完全佃耕他人田圃的农人（即佃户）占百分之几？

（7）本村有自己不种田，完全将所有田圃租与别人的地主否？

（8）本村农户种田亩数？

五亩以下者——家

五亩以上十亩以下者——家

十亩以上十五亩以下者——家

十五亩以上二十亩以下者——家

二十亩以上二十五亩以下者——家

二十五亩以上三十亩以下者——家

三十亩以上三十五亩以下者——家

三十五亩以上四十亩以下者——家

四十亩以上四十五亩以下者——家

四十五亩以上五十亩以下者——家

五十亩以上五十五亩以下者——家

五十五亩以上六十亩以下者——家

六十亩以上者——家

（六）农佃情形调查表

（1）村名（　　）

（2）地址（　　）

（3）佃耕期限系定期抑系不定期？（　　）

（4）租约之程式若何？（口约或契约）

（5）租约之解除手续如何？（　　）

（6）租约之继续手续如何？（　　）

（7）佃租的种类：（纳金、纳米、纳麦、或纳其他生产物）

（8）佃租数量多寡，如何规定？（　　）

（9）纳租之方法若何？（系地主派人收租抑佃户送租）

（10）佃租品质之限制若何？（如乾泾精粗）

（11）佃租滞纳的处置法：（1）押租中扣除；（2）责令介绍人赔偿；（3）由租差将佃户拘入押佃所；（4）诉诸官厅；（5）其他方法。

（12）有无押租？如有押租，数目多寡，系如何规定？

（13）在什么情形下，可以减免一部分佃租？

（14）在什么情形下，可以减免全部佃租？

（15）佃进的田圃，在换一新地主的时候，佃户继续租约的手续如何？

农村社会的合作运动

农村的衰落，土匪的专横，饥馑的连年，归根蒂说起来，最大的原因，就是穷。就是许多人为饥寒所迫，流为土匪。因为穷，所以耕种的方法粗劣。施的肥，下的种，都系恶劣，年成因而歉收。因为穷，所以粮食一收下来，只得按低价卖了还债。因为穷，所以不得不借债，受土劣们重利的剥削。因为穷，有时借不到钱，田地只能随他荒着。因为穷，有的要租牛耕田，必须等候牛主把田耕完了以后，才能租到耕牛。总之，一般的农民，都是为了穷，以致农场的各种耕作的播种、施肥、收获、灌溉、排水等等机会都落后了。所以他们的农事经营，格外容易失败。

其实，农村中的一般农民，大多数已经负着重利的债了。这种债，是不容易偿清的。不但不容易偿还，并且愈负愈重，结果是产业减少，经济地位，日趋低落，以致永无昭苏的日子。

至于佃农的经济地位，更是苦不堪言。他们经营着很有限的田亩，收入已微，还要纳租，因此生活更苦，受到经济的压力也更大。并且他们因为租种别人的田地，农事的经营不固定，对于土地的整理和改良，既无资本，又无能力；因此佃农生产收入，年年减色。

总而言之，现在农村的衰落，农民的困苦，都是因为穷。所以要复兴农村，拯救农民，必须从根本做起。就竭力的要从事于救穷工作。

如果能把穷救了，其余的事，也就有办法了。救穷的方法，不是慈善的捐款赈济所能做得到的。救穷的彻底办法，就是以乡教运动为中心，从事于农村社会职业教育的施行。再具体的说，我们要用教育的力量，劝导农民，自己团结起来，组织生产合作社，从事大规模的农事经营，以谋农事的改进。组织消费合作社，使肥料、农具、种子、日常用具等，不受市侩阶级的剥削。组织信用合作社，集中社员的储蓄，因转贷放给社员，用以抵制土劣的高利借贷的压迫。

合作运动在中国

中国的合作运动，始自五四的救国运动。因为这种制度，在中国还不曾有过。虽说向来也有和合作制度同性质的原始形态的组织，如邀亲友集一会，互相在一定的时间上，各出一定的会费，来趸收零还，与信用合作相似。但是不是一种科学性的组织，不能够代表信用合作社。

中国合作的领导者要推薛仙舟先生。他是个银行家，而兼为合作主义者，在德留学，专攻银行科。对于许尔志式和雷发巽式的二种合作银行制度深表同情。返国后，请学复旦，即从事于合作事业的宣传。后任工商银行的总经理，即于复旦创办上海国民合作社储蓄银行，实行了中国最早的合作社组织。并于次年成立了一个平民周刊社，为宣扬的先锋机关。

现在，大家明白，惟有合作，始能防止资本主义的侵入。有了合作，始能复兴农村，使其经济地位增高。再站在革命的立场上说起来，惟有合作，始能实现民生主义的社会革命。因此，合作运动，竟如雨后春笋，蓬蓬勃勃地在中国推进了。有研究合作社的组织，从事合作学说的推究，合作运动的提倡及合作设施的指导。信用合作社的成立，使农民自己生产资本充足，提高农民经济的地位。消费合作社的组合，减低运销费用，抵制市侩的剥削，以节农民的消费。生产合作社的推进，希冀农事扩大的经营，以增农民的生产。

至于政府方面，也在提倡合作运动的推进。如各省农民银行的设立，以低利资金贷与农民，为辅助农民经济的发展。并有合作社法规的订立，合作社指导员养成所的开办，以训练合作专门人才为目的。

以合作为中心的农村职业教育的分类

最近复兴农村的高潮，打动了银行家的心弦。大家都注意于农村的调查，而从事于农村借贷的计划。

复兴农村的救穷工作，是以合作为中心的。兹将以合作为中心的农村职业教育的分类述于后：

甲．关于经济的

1. 信用合作社

2. 消费合作社

3. 信用合作研究社

4. 消费合作研究社

乙．关于生产的

一、固定的

1. 农产合作社

2. 养鱼合作社

3. 果树合作社

4. 饲养合作社

5. 生产合作研究会

二、活动的

1. 生产合作展览会

2. 农村生产调查

丙、关于农事的

1. 设立农具改良研究所

2. 设立农事试验场

3. 设立肥料研究所

4. 设立病虫害研究所

5. 设立造林场

6. 设立丝茶研究所

兹摘要讨论如下：

（一）信用合作社的意义

信用二字，对个人说起来，就是一个人可以引起他人的相当信任心；对社会而言，就是一个机关或一种组织在社会上可以引起一般人的信任心，也就是信用。合作两字，以经济的制度说起来，就是两个人以上，用平等互助的精神，依自助互助的原则共同联合起来，通力合作，以解决经济上的问题，谋经济上相互的利益，减少经济上的痛苦。这种人，应当有同一的目标，同一的兴趣；并且要是同样的生活。这种方法，就叫做合作。这种组织，就叫作合作社。所以两个人以上用合作的方法，去经营一种信用上的事业所组织的团体，就是信用合作社。

总之，信用合作，是中产以下者的共同团结，以自助互助的精神，谋社员间金融的通融及储蓄的鼓励的一种组织。

在现代经济制度之下，通商大埠，银行林立，名称方面，虽有什么农工银行，什么工业银行！……营业方面，也有什么储蓄呀！放款呀！然而这些经济上的便利，只有中产以上的人，能够享受。中产以下的，就够不上资格去享受了。乡间的农民，更其谈不到了。大多吃尽了经济压迫的痛苦，事先既没有储蓄的地方，临事又没有借款的机关。倘使要到有钱的那里去借，没有相当的担保品和偿以奇重的利息，是借不到的。即使借到了，年年受重利的盘剥，至破产而后已。

现在只有集合受经济压迫的人，大家团结起来，组织信用合作社。社里的社员，就是股东。只有社员，才能享有借款的权利。储蓄的，也是社员。利用社员的股本，吸收社员的储蓄。用极低的利本放款给社员，解决社员所发生的经济的恐慌。

总括起来说，信用合作的意义，有下列四点：

A. 信用合作，是中产以下的人们，联合有共同利害的同志，去组织互助的金融机关。

B. 信用合作，解决平民的经济压迫。

C. 信用合作，是中产以下的人民，求经济上的自助和互助。

D. 信用合作，是鼓励中产以下人们储蓄的。

信用合作社在农村

上面已经说过，现代的金融机关，名称和经营，虽然顾到一般中产以下的乡间农民，但是实际上，没有一点便利给农民，所以在衰落的农村，只有提倡信用合作，以救农村的穷。兹将信用合作，对于农民的益处，略述如下：

A. 增进农民生产发达社会产业。有许多农民，因为借不到钱，买不着好的肥料和优良的种子，以致田地贫瘠，收获锐减。有的借到了钱，然而终于挡不住高利的盘剥，以致收到的粮食，还不够抵偿欠款的利金。总之，有的听任田亩的荒芜，有的忍受高利的压迫。结果，大家受经济的压迫，而次第宣告破产了。有信用合作社，能够以低微的利率，放款给农民，使他们能够买到好的肥料，好的种子。这样就可以增进农民生产上的效率。同时一般的农村，都受到低利的资本的接济，而社会的农产，也能发达了。

B. 低利的贷借间接可以减低一般的利率。中产以下的农民，当经济竭蹶，需款孔急时。唯一救济的办法，只有借印子钱。或者拿东西到当铺去典当物品。这两种有名的重利盘剥的组织，受他的害处的，不知凡几。信用合作社，就是要以极低的利息，放款给中产以下的农民。这样既可以救他们经济的竭蹶；又能把重利盘剥的组织打倒。

C. 养成储蓄的习惯节俭的美风。储蓄的利益，尽人皆知。不过现代各种储蓄机关，如储蓄银行，邮政储蓄，不过是城市中人所享有的便利。乡村偏僻的农民，为了交通不便，手续麻烦，大多畏缩不去了。

信用合作社，完全可以解决以上种种困难。因为信用合作社，不限定地域，无论大小市镇，穷乡僻壤，都可以随时成立的。并且信用合作社，所经营的储蓄存款，是零星小额的存款。利率比普通储蓄机关高。因此，一般农民，乐于储蓄，而养成他们储蓄的风尚呢。

D. 发展农民的互助心。信用合作社的社员，就是股东。社员经济宽裕的时候，可以来储蓄。当经济紧迫的时候，又可以来借贷。所以信用合作社的根本机能，就是社员的互助。彼此互相倚靠，日渐可以养成社员的互助精神。

E. 培养农民的组织力。乡村的农民，以知识程度的低落，组织能力极为薄弱。所以处处露着一盘散沙的现象。唯有信用合作社，使一般农民，都为社员，都为股东。一个社员，当然不能进行任何事情，必须联合许多社员，集中全体社员的力量，才能经营各种事业。这样，可以培养农民组织的能力。

信用合作社的组织

信用合作社的基本组织，是人的结合。是社员的结合，不是资本的结合。组织的主体是社员，社员多，资本多，社员少，资本也少。社员良好，则合作社也办得好；社员恶劣，则合作社的结果就要失败的。

合作社既是社员的组织，所以对于社员入社的资格，应当予以严密的审查。良好的社员，应当具有下列的资格：

A. 社员应当有一定的职业；

B. 社员的品性要良好；

C. 社员的住所要有定所；

D. 社员入社，应当有最低年龄上的限制。

信用合作社的社员，不论男女，都可以入社的。并且社员的入社与出版，都有完全的自由，完全以社员的忠实与信用为依归的。社员不论股份的多少，每人只有表决权一权，与普通公司的表决权，以股权为标准的不同。

关于信用合作社的股份，系无定额的。入社的社员多，股份也多；入社的社员少，股份也少。都以社员的增减为标准的。每股银额的多少，应当为适宜的规定。因为银额太多，恐怕贫苦一点的人民，虽有加入的志愿，没有加入的能力。规定太少，恐怕要影响到社中款项的活动力。所以股额的多少，要以合作社所在地的社会经济情形为转移的。至于每人认股的股数，应当预先规定一下，以免股本集于少数人的手里。

信用合作社，总要使人人都有入社的能力。不致因为资力上的困苦，而无从加入。所以信用合作社的股份，可以分期缴纳。好像储蓄的办法，听社员自己的选择。股款缴过一次以后，不论如何补缴，就已确定为社员之一。还有信用合作社，因为社员可以自由退出，所以股份也可以自由退出。

至于信用合作社内部的组织，以社员全体大会为最高机关，讨论社中一切重大事务。由大会推选执行委员，组织执行委员会，主持社中日常事务的进行；及监察委员组织监察委员会，以监察执行委员会执行业务为职责。

有的营业发达，范围较大的信用合作社，可由社员大会中，再推选若干人为信用评定委员与监执两委员会。各推一人为当然信用评定委员，组织信用评定委员会，专任调查评定社员的信用，以为信用放款的参考。

信用合作社的营业

信用合作社营业，与普通的银行不同。兹择几个特点，述之如下：

A. 注重零星的储蓄。信用合作社，为供给社员储蓄的便利，养成社员储蓄的习惯起见，所以对于储蓄的办法，储蓄的种类，力求便利。零星小款，可以用储金票的办法，合成整数，然后登入存折。储金种类，分为活期定期及年金三种。

B. 注重信用放款。信用合作社的放款，注意于信用的放款。不需要什么抵押品，只要保证人。有时竟然连保证人都不要，全凭借款社员的信用。

C. 注重生产放款。信用合作社的放款，对于农民生产上有便利的，无不竭力帮忙，解决他们的困难。如农业放款，土地买卖放款，及灾难救济放款，兹分述如下：

1. 农业信用放款。是用地主的地租或农夫的农产物，或田地中的禾苗作担保放款，以便农民去买肥料、农具、种子为目的。

2. 土地买卖放款。是社员买进土地，可以用土地作抵押，以付地价。或者将土地卖出，因地价惨落，也可抵押，暂应急需。

3. 灾难救济放款。社员如遇灾难，一时生活不能维持。生产事业，不能进行。合作社可以放款给他，使他们继续努力，发展生产。

D. 兼营供给合作及贩卖合作。农民各项需要，可以集中许多人的财力，共同购买。这样可以省去单独购买的麻烦及无谓的浪费。而农民自己出产的东西，可以集中起来，趸批出售。免得各人单独去寻觅市场。

（二）消费合作社

消费合作社的重要性 人生最大目的是消费，生产不过是达这目的底手段罢了。因为人类有了欲求，所以要从事生产，生产的结果，可以得到了财富，就可以满足欲求。

人类生存在世界上，对于消费是一刻不可离的。因为无论那一种人，至少不能脱离基本的消费。所谓基本的消费，就是人生必需的衣、食、住三者。无衣不足以御寒，无食不足以充饥，无住处不足以蔽风雨，不谋这基本消费的解决，不足以谋人类的生存。

消费合作社的种类 消费合作社的种类甚多，最要紧的有以下数种：

一、杂货合作社。大多数的消费合作社，都是从这一种入手。店中所供给的物品，都是些日用必需品。不仅各种食物，就是家用物品肥皂、手巾等类，也一一备置，以供社员的需要。

二、面包合作社。这是最普通的一种，性质是自做自卖，实行生产的方法。（中国应改为米面合作社）

三、肉类合作店。与面包合作社同一性质。

四、合作饭店。这种办法，对于劳动者阶级，非常便利。在同一处做工的人，很可以组织。既能得价钱上的便利，又有膳食的一定时间；还可以省去自己做食的麻烦。

五、合作药店。这种组织，出售的药品，比普通药店，价钱便宜。对于劳动者的医药及卫生有极大的帮助。

六、建筑合作社。这是解决人类生活内居住的问题的最完善的办法。

消费合作社的利益

消费合作社的利益，约有下列数端：

甲．免除中间商人的剥削。在现在经济组织之下，一件物品从生产者达到消费者的手中，要经过好几种中间人的手。起初某人把原料装进来，卖给制造家。制造家把他加工，做成熟货卖给批发店。批发店又卖给小批发店，小批发店卖给零卖店，零卖店又卖给小零卖店，由小零卖店才能卖给消费者。如此层层转卖，欲望物价低廉，是一件不可能的事。有消费合作社，那末生产者与消费者，可以自行握手，直接买卖。因此中间商人的剥削，就可以免除。

乙．调剂市场的物价，减轻消费者的负担。消费合作社，不以营利为目的。故物品的价格，都比较市价低廉。不像那以营利为目的的普通商店，时常抬高市价，垄断市场，无形中将消费者的负担增加起来。若各地都有消费合作社，则人民的需要，用品消费品，都可到合作社中去购买。而消费者的负担，就可以减轻了。

丙．可得价廉物美的东西。大凡购买物品，都是越多越贱。有消费合作社，向外购买原料品或消费品，就可以大量批发，价格既低，又可折扣。并且大批购买，又可引起供给者的互相竞争。因之选择范围广而品质优良，人民就可以得到价廉物美的东西。

丁．节省经济时间。农村与市镇往往相隔太远农民无论购买何物均须赶至市镇，一往一来费时甚多。不惟荒废时间，和农田工作，抑且不胜烦累。若有消费合作社，则虽妇女小子，均可往购。既不费时，又极便利。

戊．利益均沾。消费合作社的盈余分配，是视社员购买量多寡而分配的。购买货品多，则分得之利息就多。购买物品少，则分得之利息就少。利益均沾，最为公平。

己．无形的储蓄。消费合作社的分配利息，以购买多少为标准。所以每至会计年度终了时，社员都可以分得一笔巨款。这就是无形的储蓄。故消费合作社，实有寓储蓄于消费的利益。

消费合作社的组织

消费合作社的组织，可分社员、资金两方面来说：

甲．社员

一、特点

1. 社员的利益平等 社员的利益平等有两点：第一，每一个社员，无论股份多少，每人只有投票权一权；并且不能用代表人。普通公司，是资本的组合，投票权以资本为标准，而合作社是人的组合，投票权以人为标准。在合作制度之下，资本可算是已失掉独霸利润的特权，又失掉指挥一切的势力。所以合作主义，是平等的德谟克拉西的制度。

2. 社员可以无限制的自由入社　凡赞成合作社宗旨的，就可以加入做社员。因为合作社的股本，是无限制的。以社员的增减为盈缩，绝对没有向隅之苦。不过社员加入，对于股本上虽没有限制，然对于社员本人的资格，则定有几条规则。有的消费合作社，只许操同一样的职业者加入，如铁路工人合作社等。而一般消费合作社，则对于社员，都是要他具有信仰心，有职业，方许加入。

3. 社员可以自由入社　消费合作社的社员，既可以自由入社，也可以自由出社。因为消费合作社社员，多半为劳动者。劳动者多属流动性，不能固定一地。若不能自由出社，则迁移他地时，就完全不能享受此地消费合作社的利益。并且不能尽他应尽的义务。

二、品性

消费合作社社员，应当具有忠实的信仰心。因为合作社不是资本的结合，是社员的结合。社员具有忠实信心，合作主义的决心，才能够收到相当的效果。

三、地点与职业

消费合作社的社员，应当在同一地域内或同一职业，因为消费合作社是实际的组织，社员必须集在一起，方能尽社员应尽的义务，享有社员应得的权利。所以一个消费合作社，其社员须在同一地域内，或者在同一种职业以内，以便具有共同消费的效果。

乙．资本

消费合作社需要资本，表面看起来，似乎有些矛盾。其实绝对不然，现代经济社会上发生的罪恶，是由资本集中所起的，不是由于资本而发生的。所以消费合作社的设立，社员以外，资本也是要素。兹将资本的来源，缴纳方法与用途，分述于下：

一、来源

消费合作社的资本来源，约有三类：

第一类　社员入社时所纳的股本，这是最普遍的办法。

第二类　红利储存起来，变成股本或资本，这也是辅助第一类的办法，英国盛行。

第三类　社员中发行债券的借款，瑞士盛行。

二、缴纳方法

1. 额数　消费合作社社员，入社时应当缴纳股本及入社金，所纳的额数，为数都很少的，以资普遍。

2. 手续　缴付手续，大多是分期缴纳或者第一期纳三分之一，以后每月纳多少，一年缴完。或者分做四季，按季缴纳。社员纳过第一次股本，就算是正式的社员。

三、用途

消费合作社资本的用途，是讲剩余资本的用途。消费合作社，常常有发生资本过剩的恐慌。因为合作社不比普通公司。普通公司的过剩资本，可以存入银行，可以投资，可购买有价证券，极容易处置。而合作社则不能。若采用这种投资方法，不啻是助资本家以资本去剥削平民。所以消费合作社的剩余资本，应当用于自己本社的利益事业。如建筑工厂，生产应消费的物品，购买农地，帮助其他工人的生产，合作社设储蓄部，以低利借与小生产者等等，都是适当的用途。

消费合作社的营业

消费合作社的营业方法，可分进货与发售两方面来讲：

一、进货

消费合作社的进货，最好用记账法，向批发处买货，而现金发售与社员。这样，社中可无需资本，也能开张的。这种经营方法，有下列三种好处：

1. 合作运动的精神，是反对资本家，故不可再使资本在社内占势力。

2. 社中无资本，可以免除社员出社时的纷扰。

3. 无剩余资本的困难问题。

二、发售

消费合作社，关于物品的发售，应有下面三个信条：

1. 售价以市价为标准　消费合作社的售价，大概有三种：

A. 以市价为标准；

B. 以成本为标准；

C. 市价高可以多得红利。

这三种售价，以市价为标准最佳。消费合作社出售货物，应当依照本地的物价，将盈余的利益，仍可退还与购买者。超过成本价的一部分，不过暂时储存在合作社中而已。

2. 货物发售应以现金　消费合作社发售物品，如用记账法，则消费合作社的物品，必得抬高价格，以备抵偿赊账的损失。又以现金缺乏，势必出于借资以维持。这种损失，也要从增高物价上去抵补。记账发售，非常危险的。并只记账发售，社员往往贪一时便宜，群起记账，无形中增加许多的消费，失却了消费合作社的真义。

3. 货物发售可以公开不限于社员　消费合作社的物品发售，可以卖与非社员。不过待遇上利益上与社员不同。其待遇上的办法有几种：

一、社员与非社员之购买者，均得分红，不过非社员所得较少。

二、非社员与社员分同一比例之"购买者之红利"，不过所应得者不给而移作教育，或其他公共有益之事业。

三、社员与非社员的售价不同，非社员的价高。

（三）生产合作社

我们讲完了经济方面的合作社，这里要谈到农村间的生产合作了。农村生产的合作，就是集合全村的人才与经济，去经营规模较大的事业，从事各种生产。我们知道有许多的事业，个人去经营，不能有多大的发展，须有合作的能力与才力，方克济事。

生产合作的事业颇多，如农业合作、垦殖合作、森林合作、养鱼合作、灌溉合作、饲养合作、蔬菜合作等，可随各地的环境而异，现在择其重要的谈谈：

农业合作

农业合作，是由各个农家，联合起来，经营一种农业，使生产丰富，出品优良，销路广博。譬如现在各个农家种的稻，都是各种各的；有的"罗汉黄"，有的"飞来燕"，有的"早十日"。品种夹杂，产量不一，这种无政府态度的生产，对于农民的生活，实在受着很大的影响。农业合作，就能免除以上许多毛病，由各家联合起来，选择最好的品种，大家种植同一的品种，施的肥料，自然要用最好的。耕种的方法，可以采用最新式的科学农具。这样，到收获的时候，可以得到大量的优良的同样的米谷。那末，对于销路方面，自然能够打出新市场来了。并且对于市价，可自己规定，不受商人的节制了。至于棉花的生产，更需要合作了。棉种的选择，产量的优劣，与棉花的销路，都有密切的关系。倘使种棉的农民，能够合作起来，大家种植同样的优良种子，收获同样的棉花，预先可先与都市的工厂特约，将产出的棉花，直接销与工厂。这样，不是可以免掉商人的剥削，而增加农民的生产吗？

总之，农业合作，是田间劳动者的组织和团结，这种团结的本质，是由劳动的人们，集中的力量，在积极方面，来创造特殊的经济组织。在消极方面，可以减少各种无理的损害与剥削。所以农业合作的意义，就是田间的劳动者的经济组织，用以减少剥削，增加劳动的收益。

养鱼合作

中国的中部与南部，农村间的池沼很多，大部分的池沼，不能利用，使其生产。其原因大概不外乎：（A）池沼是公有的，谁也没有权力去处置，只能随其自然而已；（B）农民没有资本去开发；（C）农民的自私自利心太重，没有团结的能力。

其实池沼的废弃，是桩很可惜的事。因为在池塘里养鱼，不费多大的人力。数年以后，就有很大利益收着的。补救这个弊病，增加农民的生产，唯有提倡养鱼合作。

怎样组织养鱼合作呢？兹将经验所得，略述如下：养鱼合作的组织是很难的。因为他所得利益，起码要在三年以后。一般农民，大概不能十分注意。因此对养鱼事业，不能感到十分兴趣。这是困难之一。养鱼虽然不费多大的管理工夫，但是对于看护上要有严密的组织，不然池里养的鱼，往往容易被渔业船，捕鱼者所偷去，这是困难之二。

为了上面两点的困难，所以养鱼的合作，与别的合作事业，有些两样了。凡是池的四周的农家，不论贫富，都要使其合作，做养鱼合作的社员。有钱的出钱，做社里的社员。没钱的出力，担任保护的责任，也是社里的社员。将来利益的分配，一律平均，毫无歧视。因为出钱的与出力的，同尽着相当的义务。

第二节　农村社会的健康教育

健康教育的意义

常人以为健康，即身体强大。其实个人的身体强壮，不一定就算是健康。这不过是关系身体一部分罢了！健康的意义，决不是这样简单的，什么叫做健康呢？人生于社会之上，要有愉快的人生观，有重大的建设，并能享受其自身应享的乐趣。对于其自身生活之外，还要有所贡献，对于社会，一个人能够这样，才可说他是真正健康的人。英美有一句俗语说："一个人衣、食、住要快乐，并且要使人快乐；自己服务的时候要快乐，还要代人去服务。"我们试闭目一想，身体衰弱的人，可以达到这目的吗？

什么叫做健康教育呢？就是健康方面训练的方法，总括说起来，健康教育含有两种要义：

甲．生理方面的健康；

乙．知识、情感、道德、社交方面的健康。

农民健康教育的重要

中国的农民，大多缺乏卫生常识。疾病发生，既不能先事预防；又不知请医诊治。所以时疫发生，势必蔓延不止。如春季的天花，夏季的虎疫，冬季的伤寒等。探其原因，大概有下列数端。

（A）环境恶劣 环境二字，是指房屋、水井及厕所等等而言。居住的房屋，大多是土墙，每间大屋子，只有很小的窟窿来通气，里边几个人，住一间房子。猪、雏、畜牲与人，都住在一块，这实在是多么的肮脏。说到水井，许多地方，就根本没有水井，全靠宽塘与河水。这些塘和河，洗马桶在那里，洗菜在那里，乡村间饮水的不清洁，就可以知道了。有水井的地方，因井身很浅，四面八方的脏水，都可浸进去。有的水井旁边，就是厕所，厕所里边的尿粪，都可以侵近水井；甚至流近水井。这样的水，如何会干净。说到厕所，普通就是一个大缸，缸上没盖，到夏天苍蝇子繁殖起来，粪里的蛆，以千万计。千万的蛆，变成千万的苍蝇，千万的苍蝇，分发出来，把尿粪都带到人的厨房里饮食上面，人吃这些饮食，岂不就等于吃粪。这样的情形，病痛焉得不多呢？

（B）不知疾病预防的 乡间人民，都相信害病是运气不好，或水土不合。从不知道许多疾病，都是可以预防的。我们旧时的医生，对于病症，因为没有科学方法去研究，所以不知道生病真正原因。不知道原因，自然无从预防。现在欧美各国，科学发达，对于各种疾病，都用科学方法去研究，结果能够知道许多病的真因，发明许多疾病的预防方法。这些预防方法中，最有效的就是天花预防。天花在欧西许多国家里，都已经绝迹了。但是在我国的乡间，还正在流行。害了天花的儿童，自然不容易活得起来，即能活得起来，却是脸部表现许多的麻子，眼睛也常有伤失一只或两只的。这种死是真正的冤死，这种残废真是最为可怜。所以天花虽是不易治，却是很容易预防。还有小儿七日风等，都是可以用方法预防的。但是这些预防法子，在一般乡民，都是不知道的。

（C）迷信太深 乡间的农民，因知识闭塞，大半迷信菩萨。有了病，先求神拜佛。因为求神拜佛，以至耽搁许多时间，在这时间里，小病过几天，也就好了。他们说这真是菩萨的功劳。大病则迟延时间太久，到了非常沉重的地步，才说得上就医。

过去民众健康教育实施的错误

我国过去的民众，健康教育可说是完全不注意的。最近行政方面，对于民众健康教育的实施，稍有具体的办法，但是以才财两缺，徒成粉饰的工作而已。至于农村间的健康教育，如何实施，那更谈不到。

兹将过去实施的错误，略述如下：

（A）公共体育场的失败　我国设立公共体育场，已有十多年的历史。单就江苏一省而论，差不多每县都有公共体育场了。成绩怎样呢？有几县办得固然很好，但大多数都无成效可言。其所以没有成效的缘故，不外乎下列数种原因：

甲．忽视体育，譬如各县的公共体育场，其主管机关为教育局，他办体育场不过为名义上的关系，却作装饰品而已。

乙．人才缺乏，各县都聘不到适当的体育场长，有许多场长，对于民众体育，更是莫明其妙的。

丙．经济不足，各事都有停顿的现象。如少许之薪金，欲聘请优良的场长，事实上做不到。

（B）运动会偏于学校　近十年来，国内提倡体育的声浪不可不谓浓厚。单就各处的运动会讲，大大小小的，一年之中，不知要举行多少次。但民众运动会的举行则很少。在民国十八年以前，民众运动会这个名词，从没有提起过。自十八年春，才由中央大学区扩充教育处，首先提倡举行全省业余运动会，而各县均继续举行。全县民众业余运动会，民众体育才有一些生气。

（C）卫生机关的缺乏　我国向来没有卫生教育的专门机关，所以连国内的生产率和死亡率，都没有确实的统计。这真是一件可叹的事情。各县的卫生机关，归各县的公安局卫生科负责。但这个组织，也不过挂个空名，实际上有成绩的很少很少。至于农村间的诊疗所，医药局的机关，那更是谈不到了。

今后农村健康教育实施的方法

我国自古以农立国，全国的土地，百分之九十五以上，都是山野乡村。全国人民，百分之八十以上，都是乡村的农民。无论实施甚么事情，总应以最大多数最大幸福为目标。所以讲到民众健康教育的实施，就要注意到农村的健康教育。

（A）精神方面的健康教育之实施

1. 破除迷信的心理

神鬼之说，相传已久，印象深入一般民众的脑海中，根深蒂固。所以一遇疾病，便去求神问佛，烧香磕头，祈求佛佑；甚至有吃香炭，吞蜡烛等妄举，谓为仙丹，这是各乡通行的风俗。结果不知枉送了多少生命，所以要实施乡村健康教育，必须破除迷信。

2. 举行卫生演讲

欲使一般民众，有卫生的思想和卫生的常识，如靠文字做工具，现在民众的程度恐远不够。如让他们先费了学习文字的工夫，然后来接受你的教训，时间既不经济，事理上亦属欠妥。何况从文字得来之知识，还是间接的。所以用文字来传布到民间，而又要不蹈前述之弊病，那末只有用口讲演。卫生演讲的种类，以形式分，可分为两种如下：

（1）寻常演讲　即普通的演讲。

（2）化装演讲　演讲员就演讲的内容，化装为各种人物，以表演的态度演讲。

至于演讲的材料方面须注意：

（1）材料宜合时节、地方情形，以及听众的需要；

（2）材料须短巧有趣，而容易了解的。

演讲时候最好：

（1）能利用实物标本以及挂图等；

（2）言语须清爽，并力避深奥名词，措辞可稍谐，但不宜粗俗；

（3）态度须诚恳活泼，而无特殊的语病或口吃，惹人讨厌。

3. 举行卫生运动

要使得一般人民，能注意卫生，智识阶级，有提倡健康教育的同情，均非举行大规模的运动不可。进一步说，卫生运动的功效，不只在引人注意与同情，即破除迷信，灌输卫生常识，也有得益的。所以举行卫生运动，实为实施健康教育的最好工具。不过举行卫生运动，应行注意下列各点：

1. 注意实际工作，勿专恃空谈；

2. 一面破除迷信，一面促进卫生方面的建设事业；

3. 参加人数愈多愈妙，特别要引起一般民众能自动协作；

4. 最好邀请各界领袖参加扫除等实际工作，以引起民众热情。

5. 举行卫生展览会 卫生展览会，是以卫生标本、模型、挂图、照片、幻灯、电影等，使卫生方面应有的常识，具体化供给民众观览。他们对于卫生常识方面，得到一些具体的印象。

展览的物品，愈多愈妙，惟切莫出乎提倡卫生之目的以外。所陈列的物品，宜眉目清楚，使观者能有系统的观念。

（B）环境方面的健康教育之实施：

1. 改良沟渠的方法有三：

（子）使高低适中，不致污水停滞；

（丑）排水口要和农田沟通，以免污水流入河道；

（寅）时常洒扫。

2. 开濬河道 农村河道，易于淤积，宜隔年濬通，以清河流。

3. 注意饮料 中国大部分农民的饮水，是取诸河里的。即有水井，也颇不讲究其来源。所以疟毒特多，改良的方法，如果在近山的农村，务须开凿水井于山麓，井底放置沙石，井的上面四围，须加以石的栏杆，免掉污水冲进去。如果没有山的农村，最好要择该村适中地方，开凿水井几个，作为饮水。

4. 奖励植树 森林培植，一则可以减少水患；再则可以怡心养神；三则可以增多村民燃料。所以要励行种植。

5. 改造堆肥场 农村的堆肥场，往往没有一定的地方。大概以堆在道旁或屋边居多。日曝雨淋，非但臭气不堪，即道路亦被他污秽不少。改良的方法，要就村中适当的地点，作堆肥场，专供村民堆肥之用。

（C）设备方面的健康教育之实施：

1. 民众体育场 应以简便经济为原则，使其易于普及全民。故民众体育场的设备，不妨因陋就简一些。顶好与小学校合办，最为经济。设备方面，须有下列几种：

（1）球类 球类至少要备足球、篮球二种。

（2）田赛 应有沙坑一个、跳高及跳远等用具。

（3）器械 至少要有单杠、双杠二种。

（4）武术 刀枪等可酌量置办。

（5）儿童玩具 滑梯、轩轾板、海浪等。

关于指导方面，因我国人民向来不习运动，对运动方法和运动器械之使用，均不熟悉。故凡为指导员者，均宜负切实指导之责。更有进者，提倡健康教育，不以道德为之扶助，则徒养成叫跳粗暴的武夫罢了。故于运动的规则，尤宜注意，以养成他们公平竞胜，遵守秩序的美德。

关于体育场的活动事业，每年须举行民众业余运动会，引起民众注意健康的活动和喜欢运动的兴趣。

这种运动会的精神，在以道德为范围，作体力的比赛。注重身体的锻炼，人格的养成。运动有一定的规则，一定的秩序，是纪律化的举动，和野蛮人之举动，自属不同。爽快的说，运动会与野蛮人的角胜不同之点，即在有无道德为之扶助。运动会举行之时，而不注意道德，则竞争愈烈，彼此仇视也愈厉害。即谓之野蛮人之举动，当无不可，此为举行运动会的时候，不可不注意的。

民众运动会的各项竞赛，可以多多参加些农民生活上的技能比赛。好像挑草竞赛、插秧比赛、刈稻比赛等，以资增进农民的兴味。

各项国技表演和比赛，也可同时举行。

2. 民众沐浴场　沐浴与人体呼吸，极有关系。不过现在中国境内，除开较大的都市上有浴室设置外，在百分之八十以上之民众所在的乡村里，可说一处都没有。所以一般民众，实鲜沐浴的场所。他们不常沐浴的习惯，是环境造成的罢了！所以我们实施健康教育者，应设立一种很简便的民众沐浴场，以供乡村民众的享受。

（D）医药方面的健康教育之实施

乡间的医药设备，真是缺乏异常。他们只知道用香炭来止血，吃龙胆草来治沙眼。这种现象，多么可怜，所以乡间的健康教育的实施，颇关重要。

（甲）简易诊疗所　农村卫生的改良，当从简易诊疗所为中心。他的工作，可分下列数种：

1. 卫生调查

A. 意义　健康教育的实施，必需先把生活的背景，健康的障碍，调查一个清楚，才可因势利导，对症下药。

B. 方法　卫生调查的方法，不外观察与询问以及检查三种而已。此三种均可制成表格，派员至各处调查。兹把表格内应有各项，分列如下：

（1）关于观察者

1. 池塘

2. 庭院

3. 有窗户否？

4. 窗户能开闭否？

5. 厨房清洁否？

6. 大便粪缸有盖否？

7. 室内光线充足否？

8. 空气流通否？

9. 四周有树木空场否？

10. 附近有工厂否？

（2）关于询问者

1. 最近十年来之死亡人数，死于何病？

2. 家中有无患咳嗽及吐血之人否？

3. 家中人有无何种不健康的情形？

4. 住在家者几人？

5. 家中有救急之设备否？

6. 浴室否？

7. 每天都刷牙否？

8. 常常沐浴否？

9. 住屋时常打扫否？

10. 邻近有西医否？

11. 每日用餐几次？

12. 用餐时间一定否？

13. 家中有无人喜吸烟饮酒以及赌博否？

14. 平常有些什么娱乐？

15. 消遣用什么方法？

16. 喜欢运动否？

17. 起眠时间有一定否？

18. 每日大便否？

19. 曾患传染病否？

20. 头发常剪否？

（3）关于检查者

1. 营养

2. 肤色

3. 姿势

4. 皮肤

5. 头皮

6. 肌肉

7. 头之姿势

8. 肩之姿势

9. 胛骨之姿势

10. 胸形

11. 脊柱

12. 足

13. 发育

14. 生殖器

15. 鼻

16. 呼吸

17. 齿

18. 扁桃体

19. 耳目

20. 颈腺

21. 心脏

22. 指

2. 疾病预防

甲．施种牛痘

乙．施种霍乱预防注射

丙．施射防疫针

3. 训练产婆

乡下人叫生产谓"过鬼门关"，因为生产在乡间，是一件顶危险的事。乡下许多接生产婆，往往都是些不识字又愚又蠢的老太婆。对于生产的学识与技能，一点没有。可是胆子很大，时常要闹出乱子来。所以这般产婆，须受短时间的产科训练，使他们懂得些生产的医药常识和普通技能。

4. 注意学校卫生

甲．卫生习惯的训练

乙．纠正儿童的缺点如砂眼头癣等

丙．改良儿童营养

（乙）医药施送局 乡间农民，往往以经济关系，有了病买不起药来医治，只能去求仙丹，希望泥佛的保佑。所以乡间应当筹有的款，购办药品，随时施送。

第三节　农村社会的休闲教育

农村休闲教育的重要农村社会的休闲教育，是农民精神上的粮食。我们要知道农村是一种特殊的社会，农民的职业和他们的环境，非有相当的适宜的休闲生活，不足以安慰他们的精神。

农业是一种过劳的学业，农民终岁勤劳，犯风雪，冒雨露，从事生产。并且农村环境，虽富天然美景，但以缺乏人工的点缀，常期反复，生活未免过于单调。所以劳苦的农民们，极需要正当的休闲生活，来调和他们疲劳的筋骨。

（甲）农村休闲教育的改进在陈旧的乡村社会里，也有许多休闲生活的流行。好像农民耕耘者，休息时候，唱的民歌，小茶馆里的说书先生，赛会祭神时候的旧戏，颇有休闲教育的价值。他们能够用民歌、说书和演剧来安慰自己的劳动，舒畅自己的精神。

不过这许多民歌说书和演剧，有的效果很好，能够移风易俗，安慰农民身心。但是有的很不正当，迫害农民生活，实非浅鲜。所以在实施休闲教育时，必须先行搜集，再行审查，然后改进。

本节的使命，在培养农民艺术的兴趣与休闲的习惯，他的事业如下：

A. 固定的

1. 设立博物馆

2. 设立民众剧场

3. 设立中心茶园

B. 活动的

1. 改良说书

2. 提倡国乐

3. 举行游艺会

4. 举行音乐会

5. 改编民歌

兹择其重要而易办的述之：

（一）民歌与休闲教育

民歌是民众生活的写真　民歌是民众生活的写真，民歌是人民生活的歌咏。所以民歌与民众生活，实有密切的关系。唱歌可以维持心灵的生命，可以恢复心灵的疲劳，可以排除心灵中的污秽。所以农夫当快活的时候要唱歌，当苦痛的时候也要唱歌，工作的时候要唱歌，休暇的时候也要唱歌。总之，要把自己的所有喜、怒、哀、乐、爱、恶、欲一切情绪，痛快的发泄一下，以求心灵上的安慰。所以民歌实为休闲生活上所必需的东西。

民歌的成因　民歌的成因，大概说起来，有下列几种：

1. 劳苦时的发抒郁结　农夫夏日在酷热日光的下面，在很大广的田里工作，他们要歌吟他们的动作，才能减少他们的劳苦。

2. 悲抑时的放情诉苦　这些民歌，是一般人当悲抑的时候，用以诉出自己所受的痛苦和冤屈的。

3. 快乐时的歌唱助兴　唱歌是天然助兴的一个好法子。实在没有歌可唱时，在快乐的时候，也会唱几句不三不四的调子的。

4. 热恋时的吟歌寄情　恋爱的民歌，是表示互相爱慕的情侣的心怀和求情人的情意。

5. 无聊时的信口歌咏　这些民歌，是在无聊的时候，用以消遣的。虽无甚意义，但也很有趣味。

6. 政治腐败时的抨击呼吁　民歌虽多属于人物的描写，生活的陈述，个人情感的表现。但其中却有因当时政治的腐败，而加以批评或攻击为呼吁的，其影响及于政治者殊大。

民歌的搜集与改造　民歌是民众天才的流露，民歌是民众生活的写真，民歌是民众诉苦的哀音，民歌是民众自然的音乐，与休闲教育的实施，确有密切的关系。所以各地的民歌，须广事收集，以便编成民歌集曲，以资休闲教育的实施。

收集来的民歌，事实上不会都是完美的。有的过于淫荡，有的过于嬉谑，有的太形荒谬，有的迷信色彩太浓，有的运命观念太浓……都要严密的审查一下，以便选择，而资改进。

（二）说书与休闲教育

说书是农村中一种很好的休闲生活，大概农民休闲生活的集中地点是茶馆，由茶馆老板聘请一位说书先生，讲述旧小说中各种故事。这种说书，颇能感动人心，好像三国志里的英气烈烈的关云长，足智多谋的诸葛亮，水浒里的义风侠骨的李逵，勇猛无畏的武松……等等，都含有绝大的感化力。

还有一种唱词，也和说书差不多的。不过他唱时用小锣，唱的东西，更其粗俗。农民们往往在迎神赛会时，雇了一个唱词先生，在公众地方，举行一二天，这种唱词，感化力也很大。

不过说书与唱词，为吸引听众起见，往往流于淫荡，以悦一般农民的听觉，宜随时矫正，予以改进，以免遗毒诚朴的农村。

（三）戏剧与休闲教育

A. 戏剧的史考与分类　中国戏剧，如从动作的美说起，那就有三四千年的历史。因为诗三百篇中，说及舞蹈的地方很多。如从动作与诗歌合作说起，也就有了二千多年的历史。因为册府元龟曾说："李延年因胡曲更造新声二十八解，乘兴以为乐舞"云云。如从有科有白有伴奏说起，至少也该有八九百年的历史，那是指元代杂剧说的。至于古今乐录所说："梁三朝乐，第十六设俳技"云云，则有歌有舞的戏剧，实在远发生于一千五六百年以上了。

中国戏剧的种类，流行于黄河以北的，大约有昆曲、商腔、皮黄、秦腔、乱弹戏、笛子腔、弦子腔、河南调、开州平、四股弦、落子腔、秧歌、木人戏、髦儿戏及话剧等，不下二十余种。流行于长江以南的，大约也有昆曲、皮黄、汉调、川调、徽调、木连戏、乱弹戏、绍兴调、苏滩本滩同无锡滩簧等十余种。流行于两广一带的戏剧，我们不大知道，大约除我们见过的，所谓广东戏以及流行全国的髦儿戏话剧而外，总还有同长江流域相当的一个数目，如此，假使除其相同地统计起来，则所谓中国戏剧的种类，总不会比四五十种这数目再小了的罢？

B. 戏剧的流行　自然戏剧在都市，每天每夜有整千整百的戏院子，都排演着戏曲。即是在乡村不是祭神有戏，庙会有戏，祝寿有戏，追亡有戏，乃至讨老婆、生儿子、各种神只纪念日、也都有戏剧的排演。

但是，戏剧的排演，很是靡费的一桩事。为什么在中国有这样长久的历史？那样广大的地域呢？从这问题上，使我们要想到戏剧的价值上去了。

C. 戏剧的价值　戏剧艺术，是包括时空艺术的综合体。我们知道人类感受力的总量，要看被感受者的力量如何而后定。而被感受者的力量之总和，便是各种感染力之总和。戏剧因为它是包括时间艺术中的诗歌、小说。

同音乐，包括空间艺术中的绘画、雕刻、建筑同工艺艺术，包括综合艺术中的舞蹈，所以它的感染力是统摄五骸，无孔不入，无隙不进的一种感染力。是各种艺术的感染力中感染力量之最大的总和。故它不但根据人类游戏的本性而使人感到兴味，且使人感到最伟大最深刻的兴味。

不过目下流行的农村间的戏剧，大多含有荒唐不羁的故事，浓厚的迷信色彩，所以也有改造的需要。

（乙）农村休闲教育的建造

农村休闲教育的改进，已如上述，现在要进一步讨论他的建造了。

（一）中心茶园

中心茶园是照普通茶园加以改良，使成农村中活动的中心，娱乐的中心和社教的中心。兹将中心茶园的宗旨、设备、活动、讨论如下：

A. 宗旨

1. 改良民众休闲生活

2. 提倡民众正当娱乐

3. 促进民众社交精神

4. 戒除民众不良嗜好

B. 设备

1. 教育方面的

A. 各种挂图

B. 各种报纸

C. 各地民众报及画报

D. 幻灯

E. 各种农作物标本

2. 娱乐方面的

A. 留声机

B. 各种棋子

C. 各种乐器

3. 用具方面的

1. 长台——六件

2. 长凳——三十件

3. 茶橱——一件

4. 茶壶——二十八把

5. 茶杯——七十只

6. 铜茶吊——一把

7. 锡茶吊——一把

8. 面盆——三只

9. 面盆架——一个

10. 铅桶——一只

11. 铅勺——一个

12. 铅吊——一把

13. 风炉——一具

14. 洋油箱——一只

15. 水缸——一只

16. 茶缸——一只

17. 茶缸架——一只

18. 痰盂——二只

19. 留声机橱——一具

20. 乐器橱——一具

21. 报夹——九个

22. 报架——一具

23. 镜子——一面

24. 标本箱——四只

25. 标本瓶——五十个

26. 手巾——五块

27. 时钟——一只

28. 镜框——四个

C. 活动

1. 说书　说书先生所说的各种材料，须先审查。最好由乡村师范学生，或小学师担任。壮谐杂出，去吸引一般听众。

2. 谈话　随便和农友们谈话，从平常生活谈起，谈到社会的新闻，农事的改进等。并在谈话中知道农民困难，必须竭尽智力，为他们解救。有许多要待农民实行的事，就可趁此时间，劝其实行。

3. 壁报及阅报处　壁报及阅报处，最好设在中心茶园，以便农民们看，不懂时随便询问。

4. 弈棋　弈棋是小团体的最上娱乐品，集一二农民，互相对弈，既能娱乐，又能增进友谊。

5. 娱乐　中心茶园对于娱乐设备，必须充足。若留声机的开唱，乐器的奏演，都能增进农民快乐，而足安慰其劳苦的精神。倘经营充足，能有无线电话的装设，幻灯的开演，则更其好了。

（二）民众剧场的创设

　　娱乐是人生最需要的东西。农人们每天的生活,除了睡眠以外,大部分是工作,小部分是休息。他们的工作,为的要维持生计。他们的休息,为的求些娱乐。在他们休息的当儿,没有正当娱乐,便有不正当的娱乐。不正当的娱乐,在社会方面,是破坏风纪,在个人方面,是败家丧身。我们如果对于一般民众,予以正当的娱乐,他们非但能得到精神的调剂,并能安慰身心。在社会方面说,社会中各个份子,都有正当娱乐,所以民众剧场,是最高尚的娱乐。所以实施休闲教育,以建造民众剧场为最重要的事,又莫如戏剧。因为民众戏剧,是民众所最需要的东西,它最能使人接受,一言一语,一举一动,整千整万的观众,莫不集中他们的注意力,去留心的舐味其奥妙,欣赏其艺术。以至个个能激发同情心,感觉剧中情节的喜、怒、哀、乐,批判剧中故事的是非曲直。

　　其他休闲教育的实施,有民众公园的建立,电影的开映等,都是以安慰农友的精神,启迪农友的愚昧,这里不再详述了。

　　问题(汇总)

　　(1)试述农村职业教育的重要。

　　(2)怎样举行农村社会的调查?

　　(3)信用合作社在农村有怎样功能?

　　(4)信用合作社为什么要注意于零星的储蓄?

　　(5)怎样组织生产合作社?

　　(6)精神方面的健康教育如何实施?

　　(7)医医方面的健康教育如何实施?

　　(8)试述休闲教育的重要

　　(9)戏剧在民众教育上的价值如何?

　　(10)试述休闲教育的建造

　　本书参考书目

　　生计教育科的报告——第二次民众教育实验报告第一编第二章(民众教育院)

　　社会调查——第二次民众教育实验报告第三编第一章(民众

教育院）

　　为什么组织乡村信用合作社——江苏省农民银行丛刊第一号

　　合作的导扬者——中国合作运动小史第二章

　　信用合作浅说——中国合作学社

　　乡村卫生——农民教育第一卷第一期

　　设施民众健康教育的研究——教育与民众一卷八号

　　民众健康教育之理论与实施——民众教育月刊第三卷第十一十

二期

　　农村卫生问题与教育——中国新农村之建设第九章第二节

　　农村娱乐问题与教育——中国新农村之建设第七章

　　民歌与民众教育——民众教育月刊第三卷第二期

　　从民众教育说到民众戏剧——教育与民众第三卷第七期

　　乡村小学与农村社会教育运动——乡村教育第三章第四节

　　休闲教育——民众教育实验报告第七章

　　消费合作社浅说——中国合作学社

　　农业合作与农村改良——教育与民众第三卷第四期

第十章　乡教运动与徐公桥乡村改进会

第一节　中华职业教育社农村事业的实施

中华职业教育社办理农村改进事业，始于民国十五年春。本其十年间的调查与研究，认为农事教育，决不能离农村而独立。以中国农村的衰败，而欲致农业教育于有成，事实上有所难能。非运用全力，改造新环境，则教育莫能收效。非注重农村经济的改善，增进农村生产之数量，则教育不易得农民之信仰。非努力农村组织之健全，俾有自治之能力，则农村事业，不能保持永久，无论再求进步。教育、经济、组织，三管齐下，欲臻农村于发荣滋长，非不可能……

兹将该社对于农村事业实施办法的目标，完成的标准，改进程序和改进的事业，摘述于下：

（A）办理农村改进事业，应以经济、文化、政治三者，连锁合一。改进农民整个生活，达到真正自治为目标。例如：

甲．提倡合作事业，以发展农村经济为基础，同时注重文化及政治之改进。

乙．推广民众教育，以促进农村文化为方法，同时注重政治及经济之改进。

丙．实行农村自治，以改良农村政治为原则，同时注重经济及文化之改进。

（B）办理农村改进农事成功的标准

甲．土无旷荒；

乙．民无游荡；

丙．人无不学；

丁．事无不举。

（C）办理农村改进事业，应取之程序如下

甲．联合地方中心人物；

乙．调查该地概况；

丙．划定改进区域；

丁．筹定可靠经费；

戊．组织改进机关；

己．订定分年进行计划；

庚．详密调查农家状况——以后每二年举行一次，第一次不妨简略；

辛．测量土地绘制地图——如力有不胜，不妨从简或分年进行；

壬．订定信条及公约。

改进事业（D）办理农村改进事业列举如下

甲．促进文化

1. 推行义务教育，设立小学，凡学龄儿童，不论男女，设法使之入学。

2. 推行成人教育，设立民众学校，补救年长之失学。设立补习学校，授予生活上必要之知能。

3. 推行通俗教育，设图书报室，讲演所，露天讲演，改良茶园，陈列所，展览会及询问处等。

4. 推行健康教育，设体育场，提倡国术、旅行、田径赛并讲习健康常识，检查体格，举行儿童健康比赛等。

5. 推行卫生教育，设小规模医院或诊疗所，对于道路及沟渠之清洁，饮食之检查，厕所之改良，蚊虫之驱除，牛痘之布种，公墓之设立，医生产婆之检定与训练，及各种疾病预防之指导讲演等，均须注意。

6. 凡受相当教育而欲升学或就业者，分别施行指导。

7. 保存善良礼俗，而劝导改正其不良，于迷信之破除，节俭之提倡，义举之奖励，烟赌之劝戒，国历之提倡，旧式文书及仪式之改良，新年喜庆联语之代拟等，均须逐渐实行。

8. 岁时娱乐方法，根据不多费钱、不多费时、不涉迷信、有益身心之四原则，如旧习惯之说书、演戏、宴会、庆祝等，则改善其内容；如新方法之同乐会、恳亲会、消寒会、纳凉会、新剧团、公园等，则提倡其实行。

9. 农民之宗教观念，各依其自由信仰，但随时以教育方法，养成其高尚正确之人生观及相当之责任心。

10. 提倡慈善事业，如周恤疾病、残疾、救济贫困无告，设立养老院、慈幼院、游民习艺所等。

乙．发展经济

1. 设立农场或特约农田，繁殖优良品种，以有效之方法，推行于农家。

2. 散给优良之种苗，推行优良之新农具，指导防除病虫害之方法。

3. 荒地荒山，尤须充分利用。植树开垦，均宜设法实行。

4. 经营公有企业，保管公有款产。

5. 改进原有之副业，如猪、羊、鱼、鸡之畜养，果木、蒲、藕之种植等。推行新式有利之副业，如花边、草帽、养蜂、织袜等。

6. 举行悬赏劝农会，及农艺展览会，农产家禽比赛会，农事讲习会等。

7. 设立公共仓库，以备农产品之堆贮。

8. 指导组织各种合作社。

9. 历行购用国货。

10. 提倡实行家庭预算及决算。

11. 提倡修治道路桥梁，装设农村电话，提倡购用脚踏车及介绍各种新式交通器具，以求交通便利。

12. 研究改良水利，疏浚河道沟渠，使减免水旱灾害，兼利船只交通。

13. 设立职业介绍机关。

丙．推进自治

1. 联合筹备地方自治人员，完成各级自治组织。

2. 组织保卫团，施行严格之军事训练。

3. 提倡消防团，以防火灾之发生。

4. 提倡青年服务团，以养成其努力为公之精神。

第二节　徐公桥的乡村改进会

民国十五年十月，中华职业教育社，联络了前东南大学的农科与教育科，及中华平民教育促进会，组织联合改进农村生活董事会。并选定京沪路旁昆山县徐公桥为乡村改进试验区。未几，以时局与经济关系，试验事业，暂告停顿。十七年四月，由中华职业教育社，独力担任，继续进行试办各项事业，分年进行。于兹五年，成绩卓著。兹将该会概况，摘述于后，作为乡教运动的实例，而供热心于乡教运动者的参考：

（一）组织（见下页）

（二）区域

在民国十九年二十年，经两度之扩充，实测全区面积凡三十一方里。二十一年又加入蒋巷等村。全区面积，扩展至四十方里。

（三）户口

据本会民国二十一年之调查，全区凡七百二十户，三千五百三十六人。兹将二十一年属于户口调查方面之各项统计，列表如下：

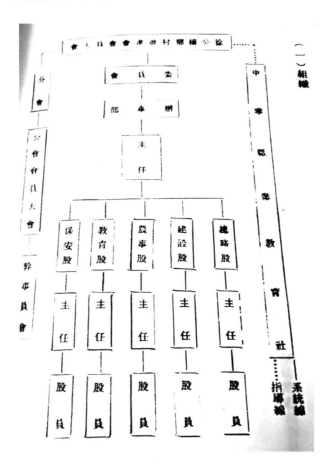

（一）组织

户口统计一

年份 / 类别	十七年 户数	男	女	共计	十八年 户数	男	女	共计	十九年 户数	男	女	共计	二十年 户数	男	女	共计	二十一年 户数	男	女	共计
徐公桥镇	一	二	三	三	四	七	一	一二	二				五五二					一一六七	一一四四	三三一一
一分会	二	一	三	八		一	一	九	七				一一一〇					二二六七	二二八〇	五五四七

续表

年份＼类别	十七年				十八年				十九年				二十年				二十一年			
	户数	人口			户数	人口			户数	人口			户数	人口			户数	人口		
		男	女	共计		男	女	共计		男	女	共计		男	女	共计		男	女	共计
二分会	二	二	二	一	一	二	一	二	三								一一四〇	三三一七	三三〇二	六六一九
三分会	六	三	九	九	一〇	二〇	六	九	一五								七七九	二一七三	一一八七	三三六〇
四分会	一	一	二	一	一												二一一七	三二九九	三三〇二	六六〇一
五分会	二	六	八	一	一	八				七	九	一					一一一三	二二四一	二二七二	五五一三
六分会	二	一	三	六	九		四	四	八								五五五	一一四〇	一一四五	二二八五
七分会	五	五	四	一	五	五	一	六									五五四	一一五六	一一四四	二三〇〇
共计	四四六	九三四	九五六	一八九〇	四〇四六	一〇〇三五	九九六三	一九九九八	五六〇七	一一四九一	一一四八八	二二九七六	六六五八	一一五九八	一一五七四	二三一七二	七七二〇	一六七六〇	一六七七六	三三五三六

户口统计二

年份\类别	二十年									二十一年								
	婚嫁人数			出生人数			死亡人数			婚嫁人数			出生人数			死亡人数		
	婚	嫁	共计	男	女	共计	男	女	共计	婚	嫁	共计	男	女	共计	男	女	共计
徐公桥镇									一	一	二	三	三	四	七	一	一	二
一分会										二	一	三	八	一一	一九	九	七	一六
二分会										二	二	四	一	一	二	一	二	三
三分会										六	三	九	九	一一	二〇	六	九	一五
四分会													一	二	三	一		一
五分会										二	六	八	一〇	八	一八	七	九	一六
六分会										二	一	三	六	九	一五	四	四	八
七分会										五		五	四	一	五	五	一	六
共计	二三	二〇	四三	三〇	三五	六五	四二	一五	五七	二〇	一三	三三	四二	四六	八八	三三	三四	六七

（四）经费

自创办迄今，其经费由中华职业教育社支给，二十一年度，列经费为二千四百元，二十二年度起则减列为一千五百元，至二十三年六月止，完全由地方自给。

（五）总务

（1）会员大会　现有会员四百六十二人，每年开大会一次。开会日报告会务，改选委员，修改会章，讨论重要会务；并请专家演讲，举行娱乐。

（2）分会　共有七处，每年开大会，每月开干事会。

（3）委员会　有委员十三人，均由本地人士农民担任，为义务职，每月开会一次。

（4）办事部会议　会内有主任一人，办事员二人，为有给职。各股各设主任一人，股员若干人，由委员兼任，为义务职。每星期开会一次。

（5）仓库管理委员会　有委员七人，办理典米，以免贱米病农之弊。二十年冬，至二十一年春，为第一期举办。二十一年冬至二十二年春，为第二期举办。

（6）民事调解委员会　有委员七人，区内民众，发生纠纷时，由本会出任调解之责，使双方和平解决，免于兴讼。

（7）赞助委员会　聘请本县各界领袖为委员，以谋本会会务之联络进展。现在本区内凡农事、建设、教育、保安等，得以集中力量，共同发展。其得力各界赞助之功不少。

（8）公款公产保管委员会　有委员五人，负本区公有款产保管之责。

（9）经济稽核委员会　有委员五人，负稽核本会经济收支状况之责。

（10）计划自治实验区　地方人士，鉴于改进农村之重要，谋所以扩大范围，于是有请求本会计划实验区之举。现已将区域及计划，呈请省县当局核准，自二十二年度起实行。

（六）建设

全区建设之最要者为道路、桥梁、市政三大类，其建设状况，举要如下：

（1）路政 规定全区干道，分年建筑，先筑泥路。筹有的款，进而建筑石路。自本会成立迄今，筑成泥路四，长九华里，石路四，长六华里弱。除路基由地主捐公，泥路由农民自建外，共费筑石路银二千八百十二元四角三分。

（2）桥梁 全区桥梁，逐年修建，其费除由所在地农民自筹外，遇不足时，则由本会及本区区公所，酌予补助。自本会成立迄今，修建桥梁，凡二十九座，共费银二千一百八十一元七角。

（3）改良市政 全区仅有一徐公桥小镇，镇上街道，完全改建。厕所一律改良。倾倒垃圾，设有木箱。

路灯通夜光明。镇民晒衣有定所。张贴布告有定处。全镇整洁。

（4）公墓 虽已设立，仅具雏形，有待改进扩大。

（七）教育

全区教育，可分为社会教育与学校教育两项。社会教育推进的主动机关为农教馆，学校教育的推进的主动机关为中心小学。

甲．中心小学

中心小学，分校有五，公立小学三，私立小学有二，流动教室二，均系初级性质。全区学生凡四四一人，经费每年四、三七二元。

乙．农民教育馆

农教馆内部组织，分为总务、康乐、家事、阅览、生计等五部。社教实施，分基本施教区及推广区两种，每年经费二、四○○元。

丙．活动事业

1. 民众识字 每年冬末春初，各校附设民众学校，至二十一年，成人识字数，计有一千另四十一人。

2. 教育会议　由全区小学校教职员组织，为全区研究教育之总机关，每月开常会一次。

3. 民众演讲厅　每月定期举行演讲，计划各分会各成立一处，现在第一、三、五各分会，均已设立。

4. 青年服务团　召集区内有为之青年，施以相当之训练，以养成服务地方之精神。有团员四十五人。

5. 小青年服务团　就各校年长之学生中，选择训练，现有团员四十人。

6. 婚嫁改良会　以改良婚嫁为目的，区内农民，接受本会指导者，已在半数以上。

7. 节省会　以节省习俗时节之酬应为目的，现在农民全年中仅于清明节与亲友有往来，其他各节，一律省除。全区全年节省之费，以极少数计，当在六千元以上。

8. 民众体育场　每年举行民众运动会及学校联合运动会一次。

9. 民众公园　用最经济之方法布置，已在会所前成立。

10. 通俗演讲　分定期与临时两种，分赴各村举行。

11. 壁报　用浅显之图书文字，每周编发一期，每期计六分，揭示于区内要道地方。

12. 公共阅报处　于本镇每日揭示报章，供众阅览。

13. 时事报告　每日报告重要时事一次。

14. 通俗格言　制就磁牌揭示。

15. 民众改良茶园　镇上共有三处，加以教育布置，并每晨派员指导。

16. 民众问事处　分设于本镇各商店内，便利农民随时问事。

17. 儿童幸福会　以增进儿童幸福为目的，每年举行一次。

18. 常识展览会　以增进农民常识为目的，每年分类举行。

19. 同乐会　以提倡正当娱乐为目的，利用农隙时举行。

20. 长寿会　以敬重老辈，敦厚风俗为目的，每三年举行一次。

（八）保安

保安事业，与本镇公安分驻所联络进行。现在区内盗贼不生，烟赌绝迹，无游民乞丐，人民咸得安居乐业。

（1）公共医诊所　聘任西医一人，主持改进全区卫生事宜，并担任诊治民众疾病及防疫工作。

（2）保卫团　徐公镇、梅浦、殊翠三处，均已举办，共有团员八十四人。

（3）消防队　已经设立，尚待推广。

（4）代赊局　筹集基金，置备棺木，酌量施给。

（5）济贫　老弱残废者酌予给养。

（6）公渡　于徐公口设渡船一只，便利行旅。

（7）警钟　设于会内，平时报时，有事报警。

问题（汇总）

（1）试述职教社对于农村事业实施的目标。

（2）成功的标准如何？

（3）改进的程序如何？

（4）怎样促进文化？

（5）怎样发展经济？

（6）试批评徐公桥改进会的组织。

（7）怎样提倡副业？

（8）怎样举办合作？

（9）怎样举行茶馆指导？

（10）婚嫁改良会与农村经济的关系如何？

本章参考书目

中华职业教育社之农村事业第一章

徐公桥乡村改进会概况——中华职业教育社之农村事业第二章